Amke Siuts

EU-Migration:
das Emigrationsverhalten der Bewohner ost- und mitteleuropäischer Länder nach dem EU-Beitritt

IGEL Verlag

Amke Siuts

EU-Migration:
das Emigrationsverhalten der Bewohner ost- und mitteleuropäischer Länder
nach dem EU-Beitritt

1. Auflage 2009 | ISBN: 978-3-86815-218-0

Die Deutsche Bibliothek verzeichnet diesen Titel in der Deutschen Nationalbibliografie.
Bibliografische Daten sind unter http://dnb.ddb.de verfügbar.

IGEL Verlag

Inhalt

1. Einleitung

Seit der Erweiterung der Europäischen Union 2004 sticht Polen aus der Gruppe der zehn Beitrittsländer durch relativ hohe Auswanderungszahlen hervor. Während die Wanderungen aus den mittel- und osteuropäischen Ländern insgesamt gering geblieben sind, steigt die Emigrationsrate aus Polen von Jahr zu Jahr. Als neue Zielländer gewinnen in diesem Prozess insbesondere das Vereinigte Königreich und Irland an Bedeutung, so dass Deutschland seine bisher vorherrschende Stellung als Zielland polnischer Migration inzwischen verloren hat.

Diese Studie beschäftigt sich mit den Auswirkungen der EU-Mitgliedschaft auf Emigrationsprozesse aus Polen, wobei Polen beispielhaft für eines der 2004 der EU beigetretenen mittel- und osteuropäischen Länder steht. Den Wanderungen nach Großbritannien und Irland wird besondere Aufmerksamkeit geschenkt. Diese werden sowohl den polnischen Wanderungsprozessen vom Zweiten Weltkrieg bis 2004 als auch der EU-internen Migration bis 2004 gegenübergestellt. Polen bietet sich nicht nur wegen seiner hohen Auswanderungszahlen zur Analyse von Migrationsprozessen an, sondern auch, weil es auf eine lange Tradition der Auswanderung zurückblicken kann. Diese Studie untersucht, inwieweit Polen durch seine EU-Mitgliedschaft als Vertreter der mittel- und osteuropäischen Staaten neue Migrationsstrukturen etabliert hat. Des Weiteren wird der Frage nachgegangen, ob die existierenden Migrationstheorien in der Lage sind, EU-interne Migrationsprozesse zu deuten, oder ob neue Anfragen an sie gestellt werden müssen.

Um polnische Migration zu analysieren, ist es zunächst notwendig zu klären, was unter dem Begriff der Migration zu verstehen ist. In der Literatur findet sich eine Reihe von Definitionen, deren grobe Gemeinsamkeit darin besteht, dass sie Elemente der Bewegung und des Wechsels enthalten. Sie unterscheiden sich hinsichtlich ihres vorrangigen Interesses: Während einige Definitionen den räumlichen Aspekt in den Vordergrund stellen (Binnenwanderung vs. internationale Wanderung), konzentrieren sich andere auf den zeitlichen Aspekt (temporäre vs. permanente Wanderung), die Wanderungsursache (freiwillige vs. erzwungene Wanderung) oder ihren Umfang, d.h. die Anzahl der beteiligten Personen. Als Versuch der Vereinbarung all dieser unterschiedlicher Aspekte schlägt Annette Treibel folgende Definition vor: „Migration ist der auf Dauer angelegte bzw. dauerhaft werdende Wechsel in eine andere Gesellschaft bzw. in eine andere Region von einzelnen oder mehreren Menschen."[1] Wie sich im

---

[1]   Treibel (1999): 21

Laufe der Studie herausstellen wird, ist der zeitliche Aspekt für die Analyse polnischer Migrationsprozesse von zentraler Bedeutung. Der Einordnung von Migration als in der Regel dauerhaftem Prozess, wie Treibel sie vorgenommen hat, kann unter Berücksichtigung dieser Tatsache nur mit Vorbehalt zugestimmt werden. Ludger Pries weist darauf hin, dass das Verständnis von Migration als zeitlich begrenzter „Wechsel von einem nationalstaatlichen ‚Container' in einen anderen"[2] modifiziert werden muss durch neuere Ansätze, die Migration in einen größeren Zusammenhang stellen. Generell gilt, dass die hohe Komplexität von Migration und die große Anzahl an wissenschaftlichen Disziplinen, die sich mit ihr beschäftigen, eine auf alle Fragestellungen zutreffende Definition unmöglich macht.[3] Um so viele Aspekte wie möglich zu erfassen, wird dieser Studie eine recht allgemeine Definition zugrunde gelegt und internationale Migration betrachtet als „ein durch vielfältige Motive ausgelöster, temporärer oder dauerhafter Prozess der räumlichen Bewegung von Personen oder Personengruppen über Nationalgrenzen hinweg, der sowohl einmalig als auch regelmäßig stattfinden kann."[4] Da der Schwerpunkt der Studie auf Prozessen innerhalb der Europäischen Union liegt und die Arbeitnehmerfreizügigkeit innerhalb der Gemeinschaft als Grundlage jeglicher Migration gilt, muss hinzugefügt werden, dass sich die Betrachtungen hauptsächlich auf *Arbeits*migration beziehen. Die Begriffe ‚Migration' und ‚Wanderung' werden synonym verwendet. In den offiziellen Dokumenten der Europäischen Union wird durchgehend die Bezeichnung ‚Mobilität' gebraucht. Laut Werner und Tassinopoulos kann Mobilität als Überbegriff von Migration und Pendeln bezeichnet werden. Während mit Migration die räumliche Bewegung von Arbeitskraft verbunden mit einem Wechsel des Wohnsitzes gemeint ist, gilt die räumliche Bewegung von Arbeitskraft ohne Wohnsitzverlagerung als Pendeln.[5] In dieser Studie wird der Terminus ‚Mobilität' nur im Zusammenhang mit den Fördermaßnahmen der Europäischen Union verwendet.

Seit dem Inkrafttreten der Römischen Verträge, die als Gründungsdokumente der späteren Europäischen Union[6] gelten, ist es notwendig, zwischen Migration in Europa und Migration innerhalb der EU zu unterschei-

---

[2] Pries (2001): 5
[3] Vgl. Treibel (1999): 17ff.
[4] Def. A.S. in Anlehnung an Han (2005), Kley (2004), Pries (2001), Thränhardt (2003), Treibel (1999)
[5] Vgl. Tassinopoulos/Werner (1999): 2
[6] Der Einfachheit halber wird das ‚Europäische Projekt' hier durchgängig als Europäische Union bzw. EU bezeichnet, auch wenn es verschiedene Stadien und Bezeichnungen durchlief.

den. Ihre Unterzeichnung 1957 schuf eine neue Form der Arbeitsmigration, indem die Freizügigkeit der Arbeitnehmer als eines der Ziele formuliert wurde, die zur Verwirklichung eines gemeinsamen Marktes beitragen sollten. Spätestens mit der Ernennung des Jahres 2006 zum „Europäischen Jahr der Mobilität der Arbeitnehmer" ist deutlich geworden, dass die politischen Entscheidungsträger der Europäischen Union Migration innerhalb der Mitgliedstaaten als erstrebenswertes und förderungswürdiges Ziel ansehen. Laut der Europäischen Kommission werden

„durch den Abbau der Hürden für die Mobilität der Arbeitnehmer und die Förderung ihrer Qualifikationen [...] die gesamteuropäischen Arbeitsmärkte allen geöffnet und eine bessere Übereinstimmung von Qualifikationsangebot und Qualifikationsnachfrage ermöglicht."[7]

Der Austausch von Arbeitnehmern zwischen den EU-Staaten soll intensiviert werden, um so die Wettbewerbsfähigkeit der EU zu fördern. Während nämlich Waren, Kapital und Dienstleistungen in der Gemeinschaft relativ ungehindert und in großem Maße ausgetauscht werden, ist die EU-interne Migration sehr gering geblieben. Bis 2004 lebten nur etwa 2% aller EU-Bürger in einem anderen Mitgliedstaat, obwohl in der gesamten Union Arbeitnehmerfreizügigkeit herrschte und die Barrieren, die der Arbeitsaufnahme und dem Leben in einem anderen Land bei abgeschotteten Märkten entgegenstehen, in großem Maße verringert wurden. Obwohl die EU-Länder sich in den vergangenen Jahrzehnten immer stärker gegen Migration aus Ländern außerhalb ihrer Grenzen abschotteten, stammt die überwiegende Mehrzahl von Einwanderern innerhalb der EU aus Drittstaaten.[8]

Seit dem 01. Mai 2004 besteht die Europäische Union nun aus 25 Staaten. Den acht mittel- und osteuropäischen Beitrittsländern wurden von Seiten der meisten alten EU-Mitglieder Übergangsbeschränkungen zum Schutz der Arbeitsmärkte auferlegt. Nur das Vereinigte Königreich, Irland und Schweden übertrugen die Arbeitnehmerfreizügigkeit sofort auf die neuen EU-Länder. Sie bildeten so einen Gegenpol zu den Ländern, die eine Überflutung ihres Arbeitsmarktes mit billigen Arbeitskräften verhindern wollten. Als Grundlage dieser Annahmen galten die relativ großen Unterschiede hinsichtlich der Wirtschaftsleistung der neuen im Vergleich zu

---

[7] Europäische Kommission (2001): 7
[8] Vgl. Rodriguez-Pose (2004): 111

den alten Mitgliedstaaten. Entgegen der Befürchtungen wurden in den ersten drei Jahren nach der Erweiterung jedoch auch in Bezug auf die neuen Mitgliedstaaten nur geringe Migrationsbewegungen registriert. Diese Entwicklung weist darauf hin, dass innerhalb der EU nicht allein wirtschaftliche Erwägungen zu Migrationsentscheidungen führen. Dass sie dennoch eine wichtige Rolle spielen, zeigt sich an der Rolle Polens als Land mit der schwächsten Wirtschaftslage und den höchsten Auswanderungszahlen. Drei Jahre vor der so genannten Osterweiterung wurde von der polnischen Migrationsforscherin Krystyna Iglicka folgende These aufgestellt: „International migration still seems to be a means to accumulate wealth and money."[9] Sie bezog sich auf polnische Emigrationsprozesse vom Zweiten Weltkrieg bis zum Ende des 20. Jahrhunderts und benannte für diesen Zeitraum wirtschaftliche Interessen als den wichtigsten Faktor für das Auftreten polnischer Emigration. Fast drei Jahre nach der Erweiterung ist Polen ein Land, das sich durch relativ hohe Auswanderungszahlen deutlich von den anderen Beitrittsländern des Jahres 2004 abhebt. Die Tatsache, dass es gleichzeitig die höchste Arbeitslosenquote innerhalb dieser Gruppe aufweist, könnte als Hinweis dafür gelten, dass die zuvor genannte These nach dem EU-Beitritt noch immer zutreffend ist. Sie wird im Laufe dieser Studie wieder aufgegriffen und gegebenenfalls modifiziert werden.

Nach der Erweiterung haben sich das Vereinigte Königreich und Irland als neue Zielländer polnischer Migration etabliert. Bisher bestehende Migrationsbeziehungen wurden dadurch jedoch nicht unterbunden. Zwar hat Deutschland seine Rolle als bedeutendstes Zielland polnischer Arbeitsmigration 2005 erstmals an das Vereinigte Königreich abgegeben, jedoch ist die Bundesrepublik weiterhin ein wichtiges Aufnahmeland polnischer Migranten. Auch andere Länder, deren Arbeitsmärkte den Neumitgliedern noch versperrt waren, gewinnen als Zielländer an Bedeutung. Allerdings sind bedeutende Unterschiede im Hinblick auf die Charakteristika der Migranten festzustellen. So wandern überdurchschnittlich viele hoch qualifizierte Polen in das Vereinigte Königreich, während die Migration in die traditionelleren Zielländer durch gering qualifizierte Arbeitskräfte geprägt ist. Im Hinblick auf polnische Migrationsprozesse ist unverkennbar, dass Arbeitsmigration den größten Anteil an allen Wanderungsbewegungen hat. Während seit der Transformationszeit[10] jedoch vor allem gering qualifizierte Polen in Wanderungen investierten, ist seit der EU-Erweiterung ein stetig steigendes Bildungsniveau zu erkennen. Kurzzeiti-

---

[9]   Iglicka (2001): 41
[10] Als Transformationszeit werden die 1990er Jahre ab 1989 bezeichnet.

ge Migration dominiert, auch wenn langfristige Wanderungen nach einem Einbruch zu Beginn der Transformationszeit seit 2005 wieder an Bedeutung gewinnen.

In dieser Studie werden die polnischen Migrationsprozesse der letzten Jahrzehnte dokumentiert und ein Vergleich zwischen sowohl den polnischen als auch den EU-internen Wanderungsbewegungen vor 2004 mit den polnischen Wanderungen nach 2004 angestellt.

2. Theoretische Grundlage: Theorien der Migration

Seitdem sich im 19. Jahrhundert die Idee von der Zugehörigkeit des Menschen zu einem bestimmten, im Regelfall durch nationale Grenzen definierten Territorium durchsetzte, gilt Migration nicht mehr als naturgegebene Daseinsform.[11] Diese Entwicklung führte zu ihrer Erforschung in vielen verschiedenen Fachrichtungen. Bis heute gibt es keine allgemein gültige bzw. akzeptierte Migrationstheorie. Die existierenden Theorien wurden meist unabhängig voneinander und ausgehend von einer jeweils im Mittelpunkt des Interesses stehenden wissenschaftlichen Disziplin entwickelt und haben in der Regel zum Ziel, einen bestimmten Aspekt von Migration zu erklären. Auch gehen sie von verschiedenen Aspekten (räumlich, zeitlich, etc.) und Ebenen (Mikro, Makro, etc.) aus. Um die verschiedenen Theorien anwendbar zu machen, bietet es sich an, sie nicht als konkurrierende, sondern einander ergänzende Ansätze zu sehen.[12] Im Folgenden wird eine Auswahl von Migrationstheorien vorgestellt und ihren jeweiligen Forschungsschwerpunkten zugeordnet, um sie anschließend mit den EU-internen Migrationsbewegungen in Beziehung zu setzen. Die Einteilung in klassische Theorien und neuere Ansätze aus der Migrationsforschung erfolgt in Anlehnung an Pries.[13] Da der Prozess der Europäischen Integration aus wirtschaftlichen Beweggründen heraus initiiert wurde, wird verhältnismäßig großer Wert auf die Darstellung der ökonomischen Theorien gelegt. Sie werden jedoch ergänzt um Ansätze aus anderen Forschungsdisziplinen.

2.1 Klassische migrationstheoretische Ansätze

Die klassischen Migrationstheorien konzentrieren sich auf die Erklärung der Ursachen, Formen und Konsequenzen von Wanderungsströmen, die in der Regel als ein- oder zweimalige Ortsveränderung gelten. Dementsprechend wird den Push- und Pull-Faktoren als den abstoßenden bzw. anziehenden Kräften in ihren verschiedenen Ausprägungen besondere Aufmerksamkeit geschenkt. Nationalstaaten stellen als Ausgangspunkt der Betrachtung die Herkunfts- und Zielgebiete der Bewegungen dar, Migration selbst einen Wechsel von einem Nationalstaat in einen anderen.[14]

---

[11] Vgl. Treibel (1999): 32
[12] Vgl. Fihel et al. (2006): 4
[13] Vgl. Pries (2001)
[14] Vgl. ebd: 30

Ausgehend von der ökonomischen Sichtweise ist Migration ein Mittel zur Umverteilung von Arbeit. Migranten sind dementsprechend Arbeitskräften gleichzusetzen. Ökonomische Theorien haben zum Ziel, Arbeitsmigration zu erklären, also die „internationalen bzw. interregionalen Ortsveränderungen ökonomisch aktiver Individuen."[15] Adam Smith stellte mit seiner These, dass Arbeitsmigration durch Differenzen in Bezug auf Arbeitsangebot und -nachfrage an unterschiedlichen Orten hervorgerufen werde, die erste ökonomische Theorie auf.[16] Diese wurde später mit Hilfe der *Theorie der Neoklassischen Ökonomie* modifiziert.[17] Die neoklassische Theorie geht von Arbeitskräften als individuellen Akteuren in Wirtschaftsprozessen aus, die über vollständige Informationen verfügen und anhand von Vergleichen zwischen Lohn- und Kostenhöhe sowie Arbeitslosenraten in verschiedenen Ländern rationale Entscheidungen treffen, wobei ihr Ziel die ökonomische Nutzenmaximierung ist. Anhand des errechneten Migrationsgewinns entscheiden sich die Arbeitskräfte entweder für oder gegen eine Wanderung in ein anderes Land. Die Grundannahme ist, dass Arbeitskräftemangel zu höheren Löhnen und Arbeitskräfteüberschuss zu niedrigen Löhnen führt, und dass Migration eine optimale Verteilung des Produktionsfaktors Arbeit gewährleistet und für ein neues Einkommensgleichgewicht sorgt. Dieses ist in dem Moment erreicht, in dem der Migrationsgewinn den Migrationskosten gleicht.[18] So wird angenommen, dass Wanderungsströme in dem Moment versiegen, in dem die Lohnunterschiede ausgeglichen sind. Auch wird von Arbeitskraft als einem homogenen und übertragbaren Gut und einer generellen Mobilität von Menschen ausgegangen. Die Übertragung dieser Annahmen in die Praxis würde besonders große Migrationsströme aus Ländern mit extrem geringen Einkommen vermuten lassen. Tatsächlich jedoch gehen Migrationsbewegungen häufig von Mittelschichten aus und scheinen durch historisch gewachsene Beziehungen zwischen Ländern beeinflusst zu werden.[19] Die Theorie bezieht das politische und wirtschaftliche Umfeld nicht mit ein. Auch wird außer Acht gelassen, dass Arbeitskräftemangel nicht immer durch höhere Löhne ausgeglichen wird, sondern durch verschiedene andere Maßnahmen, beispielsweise den Import von Saisonarbeitskräften.[20]

---

[15] Lebhart (2002): 7
[16] Vgl. ebd.
[17] Vgl. ebd.: 7f.
[18] Vgl. Pries (2001): 13
[19] Vgl. ebd.: 14
[20] Vgl. ebd.: 24

Entgegen der Annahme der neoklassischen Theorie geht die klassische Außenhandelstheorie (*Heckscher-Ohlin-Theorem*) nicht von Arbeitskräfte-, sondern von Handelsbewegungen zum Ausgleich von Marktungleichheiten aus. So wird der Außenhandel als Ersatz für Wanderungen betrachtet, der durch die Konzentration auf Güter, die im eigenen Land kostengünstig produziert werden können, eine Tauschbeziehung mit anderen Ländern etabliert und letztlich zum Marktgleichgewicht führt.[21]

Die Abwägungsprozesse, die zur Entscheidung für oder gegen eine Wanderung führen, spielen im *Push-Pull-Modell* eine entscheidende Rolle.[22] Das Modell lässt sich gut mit ökonomischen Ansätzen in Verbindung bringen. Es bezieht allerdings andere als nur wirtschaftliche Faktoren mit ein, einschließlich der unfreiwilligen Migration. Neben Anreiz bietenden (Pull-) Faktoren in potentiellen Zielländern werden abstoßende (Push-) Faktoren in den Herkunftsländern genannt. Beide Gruppen von Faktoren bilden im Zusammenspiel ein Kräftefeld, das Einfluss auf Wanderungsentscheidungen nimmt. Als zentraler Push- und Pull-Faktor gilt dabei die Arbeitsmarktsituation.[23] Die Abwanderung, die vor allen Dingen auf Push-Faktoren beruht, wird als eher unfreiwillig betrachtet, während die, die sich an Pull-Faktoren orientiert, als eher freiwillig gilt und in der Regel einer ‚positiven Selektion' in Bezug auf Alter, Ausbildung und Motivation der Migranten unterliegt. Die relativen Hindernisse der Migration werden laut dem Push-Pull-Modell mit zunehmender räumlicher Distanz größer, diese erhöht also ökonomisch ausgedrückt die Kosten der Migration.[24]

An dieser Stelle werden Parallelen sowohl zu rein ökonomischen Ansätzen als auch zu den *demographischen und geographischen „Gesetzmäßigkeiten"* deutlich, die von Ravenstein entworfen wurden.[25] Er stellte Gesetze der Wanderung auf und entwarf eine Migrationstypologie: Er unterschied lokale Wanderer, Nahwanderer, Etappenwanderer, Fernwanderer und temporäre Wanderer. Die Nahwanderer bildeten den Haupttypus, während Fernwanderer als zahlenmäßig unerheblich galten. Einen Sondertypus nahmen die temporären Wanderer als Saisonarbeiter, Seefahrer, Studenten, Urlauber oder auch Gefängnisinsassen ein.[26] Ravensteins Hauptinteresse galt ebenso wie das der Ökonomen der Arbeitsmigration. Seine Grundannahmen waren, dass Wanderungen von der Peripherie ins Zentrum erfolgen, und dass „die Häufigkeit von Wanderungsbewegungen

---

[21] Vgl. Werner (2001): 14
[22] Vgl. Lebhart (2002): 19
[23] Vgl. Treibel (1999): 40
[24] Vgl. Lebhart (2002): 19
[25] Vgl. Pries (2001): 26ff.
[26] Vgl. Treibel (1999): 27

mit zunehmender Raumdistanz [abnehme]."[27] Er ging vorrangig von Wanderungen über kurze Distanz aus und unterschied als einer der ersten Forscher weibliche von männlicher Migration, wobei er herausfand, dass die weibliche Migration zumindest bei kurzen Entfernungen überwog. Wanderung wurde von ihm als mit der Industrialisierung verbundener Fortschritt betrachtet, wodurch Arbeitskräftemangel in einem Teil eines Landes mit dem Überschuss aus einer anderen Region ausgeglichen werden könne. Auch stellte er die These auf, dass jede Wanderung einen ‚Gegenstrom' erzeuge und bezog die Möglichkeit der Rückkehrmigration mit ein.[28] Obwohl politisch-rechtliche u.a. Rahmenbedingungen von ihm nicht berücksichtigt wurden, hat das Grundmodell Ravensteins bis heute Erklärungskraft in Bezug auf geographisch-räumlich konzentrierte Migrationsbewegungen, beispielsweise an der mexikanisch-amerikanischen Grenze. Die heutige demographische Migrationsforschung bezieht einen weiteren Rahmen mit ein und stellt einen Zusammenhang zwischen Demographie, Migration und Politik her.[29]

In der wirtschaftlichen Forschung haben die zu erkennenden Schwächen der neoklassischen Theorie zur Entwicklung der *Theorie der Neuen Ökonomie der Arbeitskräftemigration* (kurz: *Neue Arbeitsökonomie*) geführt, die sich auf die Mikroebene konzentriert und betont, dass Menschen nicht als individuelle Marktakteure handeln, sondern innerhalb von Kollektiven, in die sie eingebunden sind.[30] Innerhalb dieser Gruppen oder Netzwerke kann internationale Arbeitsmigration der Risikodiversifizierung dienen: Wenn die Einkommenssicherung eines Kollektivs (z.B. einer Familie) auf mehrere Individuen und Orte verteilt ist, wird das Risiko für die Gruppe insgesamt minimiert. Migration wird also um eine soziale Komponente erweitert und als „a complex social process" betrachtet.[31] Die Theorie besagt auch, dass jedes Einkommen im Verhältnis zur sozialen Referenzgruppe betrachtet wird und stellt so die Annahme der neoklassischen Theorie in Frage, dass das Einkommen per se einen Nützlichkeitseffekt für alle Personen habe. Migrationsentscheidungen können demnach nicht nur durch Lohnunterschiede zwischen Ländern ausgelöst werden, sondern auch durch die Erfahrung von ‚relativer Deprivation' im Herkunftsland.[32] So zeigt die Theorie auf, dass „auch die sog. *Arbeits*migration [...] meist nicht nur ökonomisch motiviert [ist], sondern das Ergebnis ‚sozialer

---

27 Pries (2001): 26
28 Vgl. Treibel (1999): 27
29 Vgl. Pries (2001): 27f.
30 Vgl. ebd.: 14ff.
31 Fihel et al. (2006): 11
32 Vgl. Pries (2001): 15, Lebhart (2002): 11

Vergleichssituationen'."[33] Die Bedeutung von Lohnunterschieden wird als geringer eingeschätzt als in der neoklassischen Theorie, und die Möglichkeit temporärer Migration wird einbezogen. Auch geht die Neue Arbeitsökonomie nicht von vollständigen, sondern im Gegenteil von asymmetrischen Informationen aus. Die ungleiche Ausstattung mit Informationen kann insofern einen Anreiz zur Migration bieten, als die Arbeitgeber im Ankunftsland keine genauen Informationen über die Qualifikation ihrer zugewanderten Arbeitskräfte haben. Potentiell könnten diese also beispielsweise im Rahmen eines Regeltarifs überdurchschnittlich gut bezahlt werden.[34] Die Theorie enthält wichtige politische Implikationen. Beispielsweise legt sie nahe, dass staatliche Maßnahmen das Migrationsverhalten beeinflussen können, z.B. durch Umverteilungsmaßnahmen, durch die die relative Deprivation gemindert wird, oder durch die Bildung von Versicherungsmärkten.[35] Auch hebt sie hervor, dass die Entscheidung *für* die Migration in ein anderes Land nicht gleichzeitig eine Entscheidung *gegen* das Herkunftsland ist, sondern dass die Verbindung, die durch Wanderung zwischen zwei Ländern geschaffen wird, nutzbringend sein kann.[36] Die meisten Annahmen der Theorie beziehen sich auf längerfristige Migration zwischen unterentwickelten und entwickelten Ländern. Sie kann jedoch auch Migration aus Ländern im wirtschaftlichen Umbruch erklären. In der Regel handelt es sich um temporäre Migration, bei der die Übersiedlung vollständiger Haushalte ausgeschlossen ist.

Die Neue Migrationsökonomie weist Ähnlichkeiten zum aus der Soziologie stammenden *Mikro-Makro-Ansatz struktureller/anomischer Spannungen* von Hoffmann-Nowotny auf.[37] Auch Hoffmann-Nowotny war von größeren sozialen Zusammenhängen ausgegangen, in die jedes Individuum eingebunden sei. Er betonte den Aspekt der Spannungen, die dadurch aufkommen, dass durch die Gesellschaft bestimmt wird, was als normal und legitim gilt. Strukturelle Spannungen entstehen dem Ansatz nach, wenn das Verhältnis von Macht und Prestige innerhalb einer Gesellschaft für einzelne Mitglieder als nicht ausgeglichen erlebt wird, d.h. wenn ein Missverhältnis zwischen dem gesellschaftlich akzeptierten Anspruch auf Teilhabe und der tatsächlichen Teilhabe besteht. Aus zeitlich befristeten strukturellen Spannungen können dauerhafte anomische Spannungen entstehen. Internationale Migration kann so als eine Form des Spannungstransfers verstanden werden, durch den ein neuer Refe-

---

[33] Ronzani (1980): 50 zitiert nach Treibel (1999): 44
[34] Vgl. Pries (2001): 15
[35] Vgl. Lebhart (2002): 11
[36] Vgl. Fihel et al. (2006): 10
[37] Vgl. Pries (2001): 19ff.

renzrahmen der sozialen Positionierung geschaffen wird. Die relative soziale Deprivation spielt hierbei eine entscheidende Rolle. Kritisiert wird an dem Ansatz, er vernachlässige die Frage, warum so viele Menschen trotz des evtl. errechneten Migrationsgewinns und trotz relativer sozialer Deprivation *nicht* wandern.[38] Ähnliches trifft auf die Neue Arbeitsökonomie zu. Allerdings können bei ihr die Bedeutung der Netzwerke auch auf das Heimatland bezogen und diese als möglicher Hinderungsgrund von Migration betrachtet werden.

Anders als andere ökonomische Ansätze betrachtet die *Duale Arbeitsmarkttheorie*[39] internationale Wanderungen nicht als Ergebnis rationaler Überlegungen, sondern als Folge von Zwängen, denen individuelle Entscheidungen aufgrund von institutionellen, politischen und gesellschaftlichen Gegebenheiten unterliegen. Sie geht von einer Makroperspektive aus und ist ausschließlich auf internationale Migration konzentriert, während viele andere Theorien sowohl auf internationale als auch auf interregionale Migration bezogen werden können. Als Grundlage der Migration gilt eine strukturelle Nachfrage nach ungebildeten ausländischen Arbeitskräften in industriell hoch entwickelten Zielländern. Die Theorie betont, dass die Höhe des Gehalts nicht nur die Verteilung von Angebot und Nachfrage, sondern auch die von Prestige innerhalb der Gesellschaft widerspiegelt. Da diese Hierarchie etabliert ist und ihre Beibehaltung angestrebt wird, ist es schwierig, Arbeitskräfte für Aufgaben zu finden, die mit geringem Prestige versehen sind. Der Einsatz ausländischer Arbeiter wird als ein probates Mittel zur Deckung dieses Bedarfs gesehen, um eine Anhebung der Gehälter zu vermeiden, die wiederum Druck auf andere, prestigeträchtigere Sektoren ausüben würde. Gleichzeitig wird so ein Motivationsproblem gelöst, da ausländische Arbeitskräfte ihre Aufgaben laut der Theorie eher nur als Mittel zum Geldverdienen, also unabhängig von den mit ihnen verbundenen gesellschaftlichen Zuweisungen und von Zukunftschancen, betrachten als inländische Arbeitskräfte, die aufgrund dieser Überlegungen schwer zu solcher Arbeit zu motivieren sind. Auch wird eine Segmentierung des modernen industriellen Arbeitsmarktes in einen kapitalintensiven primären und einen arbeitsintensiven sekundären Sektor vorausgesetzt, die den strukturellen Bedarf erhöht. Während der primäre Sektor durch Verträge und relativ sichere, qualifizierte Arbeiten charakterisiert ist, gelten Jobs im sekundären Sektor als unsicherer, kurzfristiger kündbar und weniger zukunftsträchtig. Die höhere Unsicherheit des sekundären Sektors macht ihn unattraktiv für einheimische Arbeits-

---

[38] Vgl. Pries (2001): 16ff.
[39] Vgl. Lebhart (2002): 13ff.

kräfte, so dass wiederum auf ausländische Arbeiter zurückgegriffen wird, die dann einen eigenen unqualifizierten Markt bilden.[40] Die Segmentierung des Arbeitsmarktes schafft also eine Differenzierung zwischen Arbeitern. Die Theorie hinterfragt die Annahme der neoklassischen Theorie, der Arbeitsmarkt sei homogen und frei von Diskriminierungen oder Barrieren, so dass der Produktionsfaktor Arbeit frei ausgetauscht werden könne.[41] Stattdessen geht sie von einer durch strukturelle Faktoren geschaffenen Differenzierung zwischen verschiedenen Arbeiterstatus und stark nachfrageorientierten Wanderungsbewegungen aus. Auch wenn die Theorie in der Lage ist, bestimmte Migrationsprozesse wie z.B. die Anwerbung von Arbeitskräften nach Westeuropa in den 1950er und 1960er Jahren und kurzfristige Wanderungen wie die Saisonarbeit zu erklären[42], wird kritisiert, sie konzentriere sich zu sehr auf äußere Bedingungen in Form von strukturellen Abhängigkeiten. Die Mikroebene werde vernachlässigt, so dass die Theorie keine Erklärung für die Entscheidung für oder gegen individuelle Migration bereithalte. Auch wird angemerkt, Arbeitsmärkte würden sich unter dem Zustrom von Arbeitsmigranten eher in drei als in zwei Segmente zerteilen.[43] Die Theorie lässt die Migration hoch qualifizierter Menschen sowie die permanente Migration außer Acht und negiert außerdem, dass Migranten Zukunftschancen durchaus mit in ihre Planungen einbeziehen.

Neben der Soziologie und der Ökonomie hat sich auch die Politikwissenschaft mit der Erforschung von Migration befasst. Aus dieser Disziplin stammen Ansätze, die Migration als eine Interaktion zwischen souveränen Staaten sehen und das Paradox zwischen nationalstaatlichen Grenzen zur Begrenzung der Zuwanderung einerseits und internationalen Garantien, die das Recht zum Verlassen eines Landes gewähren, andererseits betonen. So wird Migration als Phänomen betrachtet, dass sich „im grundlegenden Spannungsfeld zwischen den Interessen von Einzelpersonen und jenen von Gesellschaften" befindet.[44] Auch werden die widersprüchlichen Interessen von Einwanderungsgesellschaften hervorgehoben, die zwar auf Arbeitskräfte aus anderen Ländern angewiesen sind, diese jedoch nicht gesellschaftlich integrieren möchten. Als weit verbreiteter Lösungsansatz gilt hierbei die strenge Beschränkung der ausländischen Arbeitskräfte auf ihre wirtschaftliche Rolle durch gesetzlich geregelte Aufenthaltsbegrenzungen und den Import von Saisonarbeitskräf-

---

[40] Vgl. Lebhart (2002): 13ff.
[41] Vgl. Fihel et al. (2006): 7
[42] Vgl. Lebhart (2002): 16
[43] Vgl. ebd.: 15
[44] Vgl. Lebhart (2002): 25

ten.[45] So kann eine Rückkehr zu alten (wenn auch modifizierten, d.h. in der Regel mit strengeren Rückkehrbestimmungen versehenen) Gastarbeitermodellen beobachtet werden.[46]

2.2 Neuere migrationstheoretische Ansätze

Seit den 1980er Jahren werden als Ergänzung und Erweiterung der klassischen Migrationstheorien neue Ansätze erforscht, die von Migration als (auch) dauerhaftem Zustand ausgehen und ihr so Bedeutung als eine „neue Lebenswirklichkeit für eine wachsende Anzahl von Menschen"[47] zuschreiben. Anders als in den klassischen Theorien werden in ihnen nicht vor allem der Aspekt des Ortswechsels und die Frage nach den Gründen und Folgen von Migration betont, sondern die jüngeren Erscheinungsformen von Migration und ihre Entwicklungen über die Zeit. Sie stellen neue Deutungsvarianten für altbekannte und neue Migrationsprozesse bereit und konzentrieren sich zwischen Makro- und Mikro-Ebene auf „Bewegungen und Sozialräume *zwischen* bzw. *oberhalb* der Herkunfts- und Ankunftsregion [Hervorhebung im Original]", um „neue transnationale Wirklichkeiten [...] im Zusammenhang neuer internationaler Migrationsprozesse" zu untersuchen. Migration wird als ein „in Raum und Zeit kontinuierlicher sozialer Prozess" verstanden.[48]

Unter den neueren Ansätzen ist der der *Migrationsnetzwerke und Migrationskreisläufe* von Bedeutung. Er fragt nach dem Ablauf von Wanderungen und ihrer zeitlichen Komponente und fußt auf der Annahme, dass Migranten sowohl in der Herkunfts- als auch in der Ankunftsregion in soziale Netzwerke eingebunden sind. Diesen Netzwerken wird größere Bedeutung für Migrationsentscheidungen zugeschrieben als ökonomische Differenzen oder die geographische Distanz. Sie fungieren als Mittler zwischen der Herkunfts- und der Ankunftsregion, helfen die Kosten und Nutzen der Migration einzuschätzen und versorgen potentielle Nachfolgeemigranten mit Informationen, die als vertrauensvoll und berechenbar eingeschätzt werden, da die Angehörigen des Netzwerks selbst über eigene Wanderungserfahrungen verfügen. Durch die Netzwerke entsteht eine Art Migrationstradition zwischen Herkunfts- und Aufnahmeland, durch die diese in immer stärkerem Maße miteinander verflochten werden. Im Laufe der Zeit, in der die Migration bedeutender wird, werden bestimmte praktische Probleme wie beispielsweise der Ausbau der

---

[45] Vgl. ebd: 26f.
[46] Vgl. Hollifield (2003): 50
[47] Vgl. Pries (2001): 32
[48] Pries (2001): 32

Transportwege gelöst.[49] So wiederum werden das Risiko und die Kosten von in Kreisläufen und zeitlichen Abständen stattfindenden Wanderungsbewegungen gesenkt – die späteren Migranten profitieren sozusagen von der durch Andere geschaffenen Migrationstradition. In der Regel wandert ein ökonomisch aktives Familienmitglied und wird von anderen später gefolgt. Treibel weist darauf hin, dass Netzwerke nicht nur unterstützende (i.d.R. in der Ankunftsregion), sondern auch einschränkende Wirkung (i.d.R. in der Herkunftsregion) haben können, und dass bei der Migration nicht nur ein Individuum, sondern „immer auch zwei Gesellschaften betroffen" sind.[50] In der Netzwerkthese wird der Verwandtschaftsbegriff erweitert. So werden auch Menschen, zu denen keine biologische Verwandtschaft aber eine freundschaftliche Verbindung besteht, oder einfach Menschen aus derselben Herkunftsregion als im weitesten Sinne verwandt (im Sinne von dem Netzwerk zugehörig) verstanden.[51] Wanderungen werden auf individueller und kollektiver Ebene analysiert, wobei die Bedeutung der Gemeinde und der in ihr vorherrschenden strukturellen Bedingungen hervorgehoben wird. Nicht nur wandern nämlich überdurchschnittlich viele Menschen aus einem bestimmten Herkunfts- in ein bestimmtes Ankunftsgebiet, sondern auch die Tätigkeitsbereiche der Migranten, die aus einer Gegend stammen, stimmen häufig überein und konzentrieren sich auf eine spezifische Sparte, beispielsweise die Landwirtschaft bei agrarisch geprägten Strukturen in der Herkunftsregion.[52] Zwar wird durch Netzwerke vor allem das Ziel der Wanderung beeinflusst, jedoch können sie auch einen sich selbst verstärkenden Effekt haben.[53] In diesem Fall verbinden sich die Annahmen der Netzwerkthese mit denen des Ansatzes der *kumulativen Verursachung*, der besagt, dass Wanderungsprozesse sowohl in den Herkunfts- als auch in den Ankunftsländern Wandlungsprozesse auslösen, die wiederum weitere Migrationsströme wahrscheinlich machen. So können u.a. Erfahrungsberichte erfolgreicher Migranten den Erwartungshorizont im Herkunftsland verschieben und als „Katalysator" (d.h. als Pull-Faktor) für weitere Wanderungen wirken.[54] Wichtig ist jedoch zu betonen, dass die Vorstellung, die sich ein Migrant vor dem Aufbruch in ein potentielles Zielland von diesem macht, nicht der Realität entsprechen muss und dies häufig nicht tut.[55]

---

[49] Vgl. Pries (2001): 34ff.
[50] Vgl. Treibel (1999): 43
[51] Vgl. Lebhart (2002): 20
[52] Vgl. Pries (2001): 34f.
[53] Vgl. Werner (2001): 12
[54] Vgl. Pries (2001): 40ff.
[55] Vgl. Treibel (1999): 41

Betrachtet man die Annahmen der Netzwerktheorie, erscheint eine Verbindung zum kapitaltheoretischen Ansatz von Pierre Bourdieu sinnvoll. Die Zugehörigkeit zu einem Netzwerk von Individuen kann als Besitz von sozialem Kapital bezeichnet werden. Soziales Kapital nach Bourdieu ist

> „die Gesamtheit der aktuellen und potentiellen Ressourcen, die mit dem Besitz eines dauerhaften Netzes von mehr oder weniger institutionalisierten *Beziehungen* gegenseitigen Kennens oder Anerkennens verbunden sind; oder, anders ausgedrückt, es handelt sich dabei um Ressourcen, die auf der *Zugehörigkeit zu einer Gruppe* beruhen [Hervorhebung im Original]."[56]

Nicht nur können sich aus dem sozialen Kapital materielle und symbolische Profite ergeben, sondern es übt auch einen ‚Multiplikatoreneffekt' aus und vervielfältigt so das tatsächlich vorhandene kulturelle und ökonomische Kapital.[57]

Durch die Verbindung mit dem Kapitalansatz wird deutlich, dass die Netzwerkthese zum Verständnis von Migration als sozialer Prozess beitragen kann. Der Multiplikatoreneffekt sowie die Transferierbarkeit der Kapitalarten ineinander machen Kosten und Risiken kalkulierbarer und bieten einen Anreiz, in Migrationsprozesse zu investieren, der eine Verbindung schafft zwischen sozialen, kulturellen und ökonomischen Elementen. So ist es möglich, Migration unter vielerlei Gesichtspunkten zu betrachten und nicht auf einen Aspekt wie den Zeitpunkt der Wanderung oder den konkreten Grund zu beschränken. Beispielsweise kann Arbeitsmigration mit Hilfe der Netzwerkthese gedeutet werden, ohne dass Lohnunterschiede zwischen Herkunfts- und Zielregion vorliegen müssen[58], und die Distanz erscheint als eine geringere Barriere als von ausgewählten klassischen Theorien angenommen.[59] Wanderungsprozesse verselbstständigen sich und unterliegen keinen klar deutbaren Gesetzen mehr. Der Ansatz verdeutlicht, dass eine Migrationsentscheidung nie völlig rational getroffen wird. In diesem Punkt stimmt er mit der Neuen Arbeitsökonomie überein. Ähnlich wie der Ansatz der kumulativen Verursachung erweitert er die klassischen Theorien um eine Antwort auf die Fra-

---

[56] Bourdieu (1983): 190f.
[57] Vgl. ebd.: 190ff.
[58] Vgl. auch Fihel et al. (2006): 11
[59] Vgl. z.B. die demographischen und geographischen „Gesetzmäßigkeiten" Ravensteins (2.1)

ge, wie und warum Migrationsprozesse über die Zeit aufrechterhalten bleiben, auch wenn die ursprünglichen Migrationsursachen inzwischen ihre Wirksamkeit verloren haben.[60] Die Netzwerkthese wird in der Literatur insgesamt als bedeutsam eingeschätzt. So konstatiert Hollifield, dass „transnationale Netzwerke immer dichter und effizienter [werden] und [...] die Herkunfts- und Aufnahmeländer immer mehr [verflechten]."[61]

In ihrem Bestreben, die klassischen Theorien zu ergänzen und kritisch zu hinterfragen, stellt die jüngere Migrationsforschung neue Hypothesen auf. Die Ausarbeitung von *neuen Typologien internationaler Migration* stellt einen Ansatz dar, bisher unerklärbare Wanderungen zu klassifizieren, aus der Suche nach einem einfachen Kausalzusammenhang zu lösen und dadurch deutbarer im Hinblick auf heute beobachtbare Phänomene zu machen. So wird die Typologiebildung selbst als Verfahren der Theoriebildung angesehen und nicht nur als Mittel der Ordnung von empirischen Phänomenen.[62] Pries hat Migranten in Bezug auf ihr Verhältnis zur Herkunfts- und Ankunftsregion, den Hauptwanderungsgrund sowie den Zeithorizont der Migration typologisiert und vier Idealtypen von Migranten herausgearbeitet:

(1) Der *Emigrant* bzw. *Immigrant* mag zwar noch Kontakt zu seinem Herkunftsland bzw. zu Menschen im Herkunftsland pflegen, richtet sich jedoch dauerhaft im Ankunftsland ein und integriert sich schrittweise in die dortige Gesellschaft. Die Wanderung ist ökonomisch, sozio-kulturell oder politisch motiviert. Im Gegensatz dazu sieht der (2) *Remigrant* den Aufenthalt in seinem Ankunftsland als eine zeitlich begrenzte Übergangsphase und sein Herkunftsland weiterhin als dasjenige Land an, zu dem er sich zugehörig fühlt. Die Wanderung des Remigranten erfolgt aus ökonomischen bzw. politischen Gründen und ist klar auf Rückkehr ausgerichtet. Hauptwanderungsmotiv von *Diaspora-Migranten* als dem dritten Idealtypus (3) ist religiöse oder organisationelle Abhängigkeit. Es erfolgt eine nur begrenzte soziale und mentale Einrichtung in der Ankunftsgesellschaft, während starke sozial-kulturelle Bindungen zum Herkunftsland bzw. der „Mutterorganisation" fortbestehen. Der vierte (neuere) Idealtypus gewinnt laut Pries im Zeitalter der Globalisierung und gerade in Bezug auf die Arbeitsmigration an Bedeutung: Für den (4) *Transmigranten* wird das Verhältnis zwischen Herkunfts- und Ankunftsregion durch transnationale soziale Räume gestaltet, welche nicht mit geographisch bestimmbaren Flächenräumen zusammenfallen und Elemente der Her-

---

[60] Vgl. Lebhart (2002): 21
[61] Hollifield (2003): 48
[62] Vgl. Pries (2001): 38

kunfts- und der Ankunftsregion miteinander verknüpfen bzw. deren Produkt sind. Diese transnationalen sozialen Räume sind auf Dauer angelegt.[63] Der Transmigrant steht im Mittelpunkt der Forschung, die sich mit *Transnationalismus und Transmigration* beschäftigt, und in der Migration im Sinne von häufigeren Wanderungsbewegungen als „Bestandteil durchaus kontinuierlicher Lebensläufe"[64], also als *Daseinsform* im Gegensatz zu Migration als *Übergangsstadium* betrachtet wird. Der Terminus Transnationalismus beschreibt eine Überschreitung von Nationalstaaten und nationalen Gesellschaften, ohne jedoch von einer globalen Perspektive im Sinne von „in allen wichtigen Weltregionen präsent"[65] auszugehen. Durch die Grenzüberschreitung entstehen soziale Felder in Form von transnationalen Gemeinschaften, die sich im Laufe der Zeit verstetigen.[66] Die transnationalen sozialen Felder und die Transmigranten bedingen einander und entstehen im Miteinander, wobei auch die Bedeutung von transnationalen Konzernen hervorgehoben wird.[67] Die Transnationalismusforschung ist ein weites Feld mit einer wiederum großen Anzahl verschiedener Ansätze. Einige dieser Ansätze betonen, durch transnationale Migration finde eine ,Deterritorialisierung von Nationalstaaten' in dem Sinne statt, dass einige Staatsangehörige zwar in anderen Teilen der Welt leben, jedoch noch immer Beiträge zum sozialen, kulturellen, politischen und wirtschaftlichen Wohl des Herkunftslandes leisten, die für diesen überlebenswichtig sind, beispielsweise durch Rücküberweisungen.[68] Sie heben so die Bedeutung der Pluri-Lokalität und der *sozialen* (nicht *räumlichen*) Strukturierung der entstehenden Räume hervor. Transmigranten "maintain connections, build institutions, conduct transactions, and influence local and national events in the countries from which they emigrated".[69] Im Zusammenhang mit der Transmigration wird der Globalisierung von Finanzströmen eine wichtige Rolle zugeschrieben: „the restructuring of capital globally is seen as linked to the diminished significance of national boundaries in the production and distribution of objects, ideas, and people."[70]

Andere Forscher betonen die Entstehung transnationaler *communities*, die durch ein besonderes Wir-Gefühl verbunden werden *(imagined com-*

---

[63] Vgl. Pries (2001): 39 f.
[64] Ebd.: 49
[65] Ebd.
[66] Vgl. ebd.: 51
[67] Vgl. ebd.: 53
[68] Vgl. Basch/Glick Schiller (1995)
[69] Basch/Glick Schiller (1995): 48
[70] Ebd.: 51

munity).[71] In der Transnationalismusforschung wird unterstrichen, dass die entstehenden Gemeinschaften nicht nur von ihrer Herkunftsregion geprägt sind, sondern zwischen Herkunfts- und Ankunftsregion ein neues soziales Feld aufspannen und so beide miteinander verbinden.[72] Anstelle der Entscheidung für bzw. gegen ein bestimmtes Land steht die Verbindung verschiedener Staaten durch die Transmigration, die durch die Globalisierung möglich geworden ist: „In the past immigrants were forced to abandon, forget, or deny their ties to home and in subsequent generations memories of transnational connections were erased."[73] Die transnationalen sozialen Räume werden beschrieben als „relativ dauerhafte, auf mehrere Orte verteilte bzw. zwischen mehreren Flächenräumen sich aufspannende verdichtete Konfigurationen von sozialen Alltagspraktiken, Symbolsystemen und Artefakten."[74] Die Migrationsprozesse, die im Rahmen des Transnationalismus erforscht werden, sind weder auf einen Zeitpunkt noch auf einen bestimmten Ort fixiert. Sie sind jedoch auch nicht völlig ortsungebunden, da sie kein zielloses Umherwandern beinhalten, sondern relativ organisierte Bewegungen zwischen festen Plätzen.[75] Die Transnationalismusforschung erweitert die klassischen Theorien um neue Denkansätze und um eine Perspektive jenseits von Makro oder Mikro, d.h. zwischen bzw. oberhalb der Grenzen der Nationalstaatlichkeit. Eine Schwierigkeit in Bezug auf die Transmigration ist ihre empirische Überprüfbarkeit. So wird von Lebhart betont, dass transnationale Entwicklungen wie auch die Entstehung von Netzwerken „der Analyse mittels gewöhnlicher sozialwissenschaftlicher Instrumente schwer zugänglich sind."[76]

Insgesamt versuchen die neueren Ansätze ein breites Feld von Ursachen, Abläufen, Folgen und Entwicklungen von Migrationsprozessen einzubeziehen. Es wird betont, dass Migration keine isolierte Bewegung von Menschen zwischen bestimmten Orten oder Ländern ist, sondern ein komplexer sozialer Prozess, der im Zusammenhang mit der globalen Bewegung von Waren, Kapital, Symbolen und Informationen gesehen werden muss.[77] Sie bieten nicht nur die Möglichkeit der kritischen Hinterfragung der klassischen Theorien, sondern schaffen auch Anreize, die For-

---

[71] Vgl. Pries (2001): 50f.
[72] Vgl. ebd.: 51
[73] Basch/Glick Schiller (1995): 52
[74] Pries (2001): 53
[75] Vgl. ebd.
[76] Lebhart (2002): 37
[77] Vgl. Pries (2001): 46

schung unter Einbeziehung neuer Erkenntnisse und Frageperspektiven fortzusetzen und weiter zu entwickeln.

Der Überblick über klassische und neuere Ansätze in der Migrationsforschung zeigt eine teilweise Überschneidung von Elementen aus den klassischen Theorien mit solchen aus den neueren Ansätzen. Jede der hier ausgewählten Theorien beinhaltet interessante Perspektiven, die einbezogen werden können bzw. müssen, um Teilaspekte bestimmter Wanderungsbewegungen zu erklären. Keine jedoch kann allein alle Aspekte aufgreifen. Eine umfassende Deutung heutiger Migrationsprozesse lässt eine Kombination verschiedener Ansätze miteinander sinnvoll erscheinen. Die Notwendigkeit der gegenseitigen Ergänzung der in verschiedensten Disziplinen und unter verschiedensten Fragestellungen ausgearbeiteten Theorien verdeutlicht die hohe Komplexität von Migration.

3. Migration innerhalb der EU bis 2004

Seit der Gründung der Europäischen Wirtschaftsgemeinschaft (EWG) 1957 wird die Migration innerhalb der EU gefördert. Obwohl die Gemeinschaft stetig um neue Mitgliedstaaten angewachsen ist, sind die internen Wanderungen eher zurückgegangen als gestiegen. Im Folgenden werden zunächst die Bestimmungen zur Arbeitnehmerfreizügigkeit, die die Grundlage der EU-internen Migrationsprozesse darstellen, näher erläutert, und im Anschluss ein Überblick über die Entwicklung der Migration innerhalb der EU von 1957 bis 2004 gegeben.

3.1 Rahmenbedingungen der EU-Binnenmigration bis 2004

Bei der EWG-Gründung 1957 wurde der freie Personenverkehr zwischen den Mitgliedstaaten als eines der anzustrebenden Ziele formuliert. 1968 endete die Übergangsfrist für die Umsetzung der 1957 festgesteckten Ziele, und mit der Vollendung der Zollunion[78] im selben Jahr wurde die Arbeitnehmerfreizügigkeit eingeführt.[79] Sie wurde jedoch gegenüber 1957 modifiziert: Während sie laut Art. 39 Abs. 2 des Vertrags von Rom für die „Arbeitnehmer der Mitgliedstaaten" galt, wurde sie 1968 auf Staatsangehörige der EU-Mitgliedsstaaten beschränkt. 1968 war also das Jahr, in dem die „doppelte Migrationspolitik" der EU begann.[80] Von nun an wurde deutlich zwischen EU-Angehörigen und Drittstaatlern differenziert. Gegenüber Nicht-EU-Angehörigen wurden im Laufe der Zeit striktere Migrationspolitiken durchgesetzt, während die Arbeitnehmerfreizügigkeit im EU-Raum weiter erleichtert und als Ziel propagiert wurde. Sie ist in Art. 39 EGV[81] geregelt und beinhaltet das Recht aller Bürger der Europäischen Union sowie des Europäischen Wirtschaftsraums (Island, Liechtenstein und Norwegen zusätzlich zur EU), in einem anderen Mitgliedstaat Arbeit zu suchen und auszuüben, sich zu diesem Zweck dort aufzuhalten und zu verbleiben, sowie den Grundsatz der Gleichbehandlung in Bezug auf den Zugang zur Beschäftigung, die Arbeitsbedingungen und alle anderen Vergünstigungen, die dazu beitragen, die Integration des Arbeitnehmers im Aufnahmeland zu erleichtern. Die Bestimmungen des Art. 39 EGV, die ursprünglich nur für Arbeitnehmer galten, wurden im Laufe der Zeit durch die Rechtsprechung des Europäischen Gerichtshofs weiter entwickelt und ausgelegt, so dass „nicht mehr wirtschaftliche Ge-

---

[78] Durch die Zollunion trat anstelle von Zöllen zwischen den einzelnen Mitgliedstaaten ein gemeinsamer Außenzoll.

[79] Vgl. Werner (2001): 1, Guild (2004): 50

[80] Vgl. Demel/Stacher (2000): 6, 10

[81] Vertrag zur Gründung der Europäischen Gemeinschaft vom 25.03.1957

sichtspunkte im Mittelpunkt stehen, sondern die Erweiterung des Rechts- kreises der betroffenen Bürger."[82] So wurde das Recht auf Freizügigkeit in den 1990er Jahren durch Richtlinien auf alle Angehörigen eines EU- Mitgliedstaates ausgedehnt, die einen gesicherten Lebensunterhalt sowie eine Krankenversicherung vorweisen können und betrifft nun beispiels- weise auch Rentner und Studenten.[83] Unionsbürger benötigen demnach kein Visum, um in einem anderen EU-Land zu leben und zu arbeiten, son- dern erhalten auf Antrag eine unbefristete Aufenthaltserlaubnis ('Aufent- haltserlaubnis/EG').[84] Ihr Erhalt ist gebunden an den Nachweis der oben genannten materiellen Voraussetzungen. Der Begriff 'Arbeitnehmer' wurde vom Gerichtshof dahingehend ausgelegt, dass er jede Person um- fasst, die gegen Bezahlung eine tatsächliche Berufstätigkeit unter Anlei- tung einer anderen Person ausübt. Einige Rechte, wie beispielsweise das Recht, in einem anderen Mitgliedstaat zu wohnen, erstrecken sich auch auf die Familienangehörigen des Arbeitnehmers, unabhängig von deren nationaler Zugehörigkeit.[85] Anzumerken ist hier, dass das Recht der Fami- lienzusammenführung nur im Fall der Arbeitsausübung außerhalb des ei- genen Heimatlandes greift. Diese Tatsache wird auch mit dem Begriff der 'Inländerdiskriminierung' bezeichnet. So können Menschen in bestimm- ten Situationen möglicherweise dazu gezwungen sein, von der Arbeit- nehmerfreizügigkeit innerhalb der EU Gebrauch zu machen. Um der In- länderdiskriminierung entgegenzuwirken, hat die Kommission einen An- trag gestellt, das Recht auf Familienzusammenführung auf alle Unions- bürger unabhängig von ihrem Arbeitsort auszudehnen.[86] Einschränkun- gen der Arbeitnehmerfreizügigkeit sind aus Gründen der öffentlichen Ordnung, Sicherheit und Gesundheit gerechtfertigt; außerdem ist der öf- fentliche Dienst den Bürgern des jeweiligen Mitgliedstaates vorbehal- ten.[87] Mit der Vollendung des Binnenmarktes 1992 durch den Vertrag von Maastricht wurden die Freizügigkeit von Arbeitnehmern sowie die Dienstleistungs-, Waren- und Kapitalfreiheit als die vier Grundfreiheiten des Europäischen Binnenmarktes formuliert, die Wirtschafts- und Wäh- rungsunion beschlossen, die Unionsbürgerschaft eingeführt und weitere Mobilitätsbarrieren abgebaut. So wurde auch die gegenseitige Anerken- nung von Bildungsabschlüssen und Qualifikationen vereinbart.[88]

---

[82] Vgl. Epiney (1998)
[83] Vgl. Bundesgesetzblatt (49/1997)
[84] Vgl. Treibel (1999): 72
[85] Vgl. Guild (2004): 52
[86] Vgl. ebd.: 61
[87] Vgl. Homepage der Europäischen Kommission (a)
[88] Vgl. Rodriguez-Pose (2004): 99, Biffl (1999): 503

3.2 Migration seit Entwicklung des Binnenmarktes innerhalb der EU-15

Nachdem bis in die 1930er Jahre in Europa die Auswanderung nach Übersee dominiert hatte und die erste Hälfte des 20. Jahrhunderts durch Wanderungs- und Vertreibungsbewegungen in Form von ethnischen Säuberungen und Umsiedlungen geprägt gewesen war, gewann die Arbeitsmigration nach 1950 „zentrale Bedeutung für das europäische Migrationsgeschehen."[89] Durch die Unterzeichnung der Römischen Verträge 1957 wurde der Grundstein für eine neue Form der Arbeitsmigration und für die Notwendigkeit der Differenzierung zwischen Migration in Europa und Migration innerhalb der Europäischen Union gelegt. Die Einführung der Arbeitnehmerfreizügigkeit 1968 hatte zum Ziel, die Arbeitsaufnahme eines EU-Bürgers in einem anderen Mitgliedstaat der Europäischen Union zu vereinfachen. Grundlage des Ziels eines gemeinsamen Marktes ist die Auffassung, dass grenzüberschreitende Wanderungen innerhalb der EU Wachstumsgewinne erzeugen. Trotz vieler Bemühungen zugunsten der EU-internen Migration machten die Bürger der EU-15 von ihren Möglichkeiten relativ wenig Gebrauch: die Wanderungsströme bis 2004 blieben marginal. Um einen strukturierten Überblick über die Entwicklung der Migration seit den Anfängen des Binnenmarktes und über die Auswirkungen der EU-Politik in Bezug auf die Mobilitätsförderung zu bekommen, werden die folgenden Ausführungen in Abschnitte entsprechend der jeweiligen Erweiterungsrunden der EU geteilt.

Vor Gründung der Europäischen Wirtschaftsgemeinschaft 1957 stammten 44% aller ausländischen Arbeitskräfte aus dem Gebiet der späteren EU-6.[90] Von 1957 bis 1973 hatten fünf der sechs EU-Gründerstaaten aufgrund ihrer prosperierenden Wirtschaft erhöhten Bedarf an Arbeitskräften. Die Arbeitnehmer innerhalb der Gemeinschaft fanden also Beschäftigung in ihrem eigenen Land. Wahrscheinlich aus diesem Grund blieb die EU-Binnenmigration gering. Einzig in Italien herrschte Arbeitskräfteüberschuss verbunden mit im Vergleich zu den anderen Mitgliedstaaten niedrigen Löhnen, und es entwickelten sich Wanderungsbewegungen italienischer Arbeitskräfte besonders nach Deutschland. Von allen 1962 in Deutschland arbeitenden EU-Bürgern stammten 77% aus Italien.[91] Mit dem Wachstum der italienischen Wirtschaft und den sich angleichenden Löhnen innerhalb der EU nahm in den Folgejahren auch die italienische Migration ab. Bis 1973 griffen die EU-Länder aus diesem Grund mit Hilfe

---

[89] Fassmann/Münz (1996): 13
[90] Vgl. Biffl (1999): 502
[91] Vgl. Biffl (1999): 503

bilateraler Verträge auf meist ungelernte oder gering qualifiziert Menschen aus Ländern außerhalb der EU zurück (die so genannten ‚Gastarbeiter'), um ihren Arbeitskräftebedarf zu decken, so dass die Zahl ausländischer Arbeiter innerhalb der EU-6 bis 1973 auf fast 5 Mio. anstieg (1960: 2 Mio.).[92]

Der Beitritt des Vereinigten Königreichs, Irlands und Dänemarks 1973 fiel in dasselbe Jahr wie der Anwerbestopp für Gastarbeiter, der mit der wirtschaftlichen Stagnation in Westeuropa begründet wurde. Der Anwerbestopp zeigt deutlich, dass Migrationspolitik immer den Wandel der Rolle bzw. Wahrnehmung von Migration in einem Land widerspiegelt – sowohl auf gesellschaftlicher als auch auf politischer Ebene. Da sich die Rahmenbedingungen auf den westeuropäischen Arbeitsmärkten verändert hatten (Arbeitskräfteüberschuss statt Arbeitskräftemangel), wurde eine neue Migrationspolitik eingeführt (Begrenzung statt Öffnung), um den veränderten Verhältnissen zu entsprechen. Aus Angst vor einem Ansturm von Arbeitsmigranten aus den neuen Mitgliedstaaten wurden außerdem Übergangsfristen eingeführt, in denen den diesen keine volle Freizügigkeit gewährt wurde. Nach Ablauf der Fristen wurde jedoch wider Erwarten keine verstärkte Zuwanderung aus den drei Ländern gemessen.[93] Die EU-interne Migration (größtenteils Italiener, Iren und Angestellte multinationaler Unternehmen) belief sich innerhalb der EU-9 auf nur ca. 3 Mio. (3% Anteil an der Gesamtbeschäftigung).[94] Die Zahl Drittstaatenangehöriger war weit höher, woran die späteren EU-Länder Griechenland, Spanien und Portugal bedeutenden Anteil hatten: 1973 waren 19% der portugiesischen, 9% der griechischen und 4% der spanischen arbeitenden Bevölkerung innerhalb der EU-9 angestellt.[95] In den 1970er Jahren kehrten etwa 200.000 Italiener von der Arbeit in EU-Ländern in ihre Heimat zurück. Diese Rückwanderung ist auf höheres Wirtschaftswachstum und damit verbundene bessere Arbeitsmöglichkeiten in Italien sowie eine Annäherung des italienischen Lohnniveaus an das der anderen EU-Länder zurückzuführen. Während sich das deutsche Bruttoinlandsprodukt von 1960 bis 1969 auf umgerechnet 310,7 Mrd. Euro ungefähr verdoppelt hatte, wuchs das italienische BIP im selben Zeitraum um mehr als das Doppelte auf umgerechnet etwa 26,7 Mrd. Euro.[96] Auch aus Belgien und den Nie-

---

[92] Vgl. Molle (2001): 150ff.
[93] Vgl. Biffl (1999): 504
[94] Vgl. Molle (2001): 153
[95] Vgl. ebd.: 154
[96] eigene Berechnung auf der Grundlage von
      http://www.historicum.net/fileadmin/sxw/Themen/Internationale_Geschichte/Sta
      tistiken/bip_1938-1969.pdf und http://jumk.de/calc/waehrung.shtml

derlanden emigrierten immer weniger Menschen, um in einem anderen EU-Land Arbeit aufzunehmen.[97] Die EU-Binnenmigration fiel über ihre ganze Entwicklung hinweg geringer aus, je weiter die Europäische Integration voranschritt. Im Zuge der Angleichung des Lohnniveaus zwischen neu beigetretenen Ländern und alten Mitgliedstaaten ging das Angebot an billigen Arbeitskräften innerhalb der EU zurück, so dass neue Herkunftsregionen an Bedeutung gewannen, d.h. Länder außerhalb der EU, besonders die inzwischen der EU zugehörigen mittel- und osteuropäischen Staaten.[98]

Nach dem Beitritt Griechenlands 1981 traten 1986 Portugal und Spanien und 1995 Finnland, Österreich und Schweden der EU bei. Den beiden Erweiterungsrunden der 1980er Jahre folgten Übergangsfristen zur Beschränkung des Arbeitsmarktes bis 1987 bzw. 1992; da jedoch in keinem Fall verstärkte Arbeitskräftewanderungen eintraten, sondern im Gegenteil die Nettomigrationsströme nach den Erweiterungsrunden stets zurückgingen[99], wurde den drei Beitrittsstaaten 1995 sofort volle Freizügigkeit gewährt.[100] Der Binnenmarkt wurde schrittweise um neue Gebiete erweitert, Mobilitätshindernisse weiter abgebaut. Nachdem die Zahl der EU-Arbeitnehmer, die in einem anderen als ihrem eigenen Land arbeiteten, schon zwischen 1973 und 1984 um ein Drittel gefallen war[101], erlebte die EU-interne Migration in den Jahren 1985 bis 1990 einen weiteren leichten Rückgang. In den 1990er Jahren sorgte die steigende Anzahl multinationaler Firmen für eine verstärkte Migration hoch qualifizierter Arbeitnehmer innerhalb der EU. In den europäischen Großstädten sammelten sich Angestellte aus den Bereichen Finanzen, Banken- und Versicherungsmanagement, besonders in Frankfurt, Berlin, London, Paris, Madrid, Kopenhagen und Stockholm. Auch Universitäten griffen immer häufiger auf Wissenschaftler und Experten aus anderen europäischen Ländern zurück.[102] Trotz dieser Entwicklungen betrug der Anteil der EU-Bürger an der Gesamtbeschäftigung 1990 im EU-Durchschnitt nur 2,4% gegenüber einem Anteil von 4,3% von Arbeitnehmern aus Drittstaaten.[103] Während 1980 noch 47% aller ausländischen Arbeitskräfte innerhalb der EU aus einem anderen EU-Land kamen, sank dieser Anteil auf 42% im Jahr 1995. Zwar ist die absolute Zahl der EU-Arbeitskräfte leicht gestie-

---

[97] Vgl. Molle (2001): 155
[98] Vgl. Biffl (1999): 505
[99] Vgl. Demel/Stacher (2000): 11
[100] Vgl. Werner (2001): 12
[101] Vgl. Europäische Kommission (2006): 210
[102] Vgl. Rodriguez-Pose (2002): 98f.
[103] Vgl. Molle (2001): 155

gen, jedoch wuchs die Zahl der Arbeitnehmer aus Drittstaaten weit schneller, so dass der prozentuale Anteil der EU-Bürger sank.[104] Der Anteil von EU-Arbeitnehmern an der Gesamtbeschäftigung beträgt seit nunmehr 15 Jahren im EU-Durchschnitt etwa 2%. Fast die Hälfte der EU-Migranten stammt aus südeuropäischen Ländern (Portugal, Italien, Spanien, Griechenland).[105]

Die EU-Binnenmigration ist charakterisiert durch einen hohen Anteil junger Hochqualifizierter. Am deutlichsten ist dies im Vereinigten Königreich, wo 1990 33% aller männlichen EU-Angehörigen auf Management-Ebene arbeiteten.[106] Der Rückgang der EU-Arbeitsmigration insgesamt ist auf den Rückgang *unqualifizierter* Arbeit zurückzuführen, unter Anderem durch Rückkehrmigration in die Mittelmeerländer in den 1980er Jahren. Die Zahl der EU-Akademiker, die in einem anderen EU-Land arbeiten, ist hingegen gestiegen. In Deutschland beispielsweise sank die Zahl der unqualifizierten EU-Migranten im Zeitraum von 1977 bis 1992 um 40%, während die Zahl derer mit tertiärer Ausbildung um etwa 30% anstieg.[107]

Auch wenn nur knapp 2% aller EU-Bürger in einem anderen als ihrem Heimatland leben und arbeiten, hat die Errichtung des Gemeinsamen Marktes mit dem stetigen Abbau von Handelsbarrieren doch migrationsspezifische Konsequenzen nach sich gezogen, so auch die Diversifizierung von Migranten innerhalb der EU. Waren es früher vorwiegend ungelernte Kräfte, die in die EU strömten, können die Migranten heute drei Gruppen zugeteilt werden: (1) den Hochqualifizierten, die in der Regel aus anderen EU-Staaten stammen, (2) den gering qualifizierten oder ungelernten Migranten, oft ökonomisch motiviert und teilweise zur illegalen Einreise gezwungen, sowie (3) den Flüchtlingen und Asylsuchenden, häufig auf der Flucht vor politischer Verfolgung.[108] Die Migration von EU-Bürgern, die das Ziel der EU-Mobilitätserleichterungen darstellt, macht einen sehr geringen Anteil an der europäischen Migration aus. Trotz einer deutlichen Abschottungspolitik nach außen, die zu immer größeren Schwierigkeiten für Drittstaatenangehörige führt, auf legale Weise Zutritt zu Ländern innerhalb der Europäischen Union zu finden, stammt die weit überwiegende Mehrzahl von Migranten innerhalb der EU aus Ländern außerhalb ihrer Grenzen.[109]

---

[104] Vgl. Tassinopoulos/Werner (1999): 7
[105] Vgl. Biffl (1999): 502-505, Werner (2001): 12
[106] Vgl. Rodriguez-Pose (2002): 100
[107] Vgl. Werner (1995): 18
[108] Vgl. Rodriguez-Pose (2002): 98
[109] Vgl. ebd.: 111

In der EU besteht ein wachsender Arbeitskräftemangel, ausgelöst durch Veränderungen in der Bevölkerungs- und Qualifikationsstruktur. Dieser kann nicht durch EU-Arbeitskräfte gedeckt werden, und Prognosen der demographischen Entwicklung in der EU weisen auf die Notwendigkeit weiterer Anwerbungen. Seit dem Anwerbestopp 1973 bemüht sich die EU um die Begrenzung der Zuwanderung. Dieses Bestreben kollidiert mit den wirtschaftlichen und demographischen Erfordernissen und fördert die illegale Migration in die EU. Aus diesem Grund bestehen heute in vielen Mitgliedstaaten Ausnahmeregelungen, die Arbeitsmigration von Drittstaatenangehörigen „über Umwege" ermöglichen.[110]

Die Mobilität der Arbeitnehmer innerhalb der EU wird insbesondere seit der Lissabon-Konferenz 2000 als neues Ziel propagiert. Ziel der so genannten Lissabon-Strategie, die sich u.a. der Mobilitätsförderung verschrieben hat, ist die Modernisierung der EU-Wirtschaft, um im globalen Handel wettbewerbsfähig zu bleiben.[111] Die neue Bedeutung der Migration wird durch das folgende Zitat deutlich:

„Gelingt es nicht, eine koordinierte Politik durchzusetzen, deren Ziel es ist, das Arbeitskräfteangebot zu verbessern, Qualifikationsnachfrage und -angebot in Übereinstimmung zu bringen, die Mobilität der Arbeitnehmer zu erhöhen und für ein ausgewogenes Arbeitsplatzangebot zu sorgen, so kann es angesichts der veränderten Qualifikationsstruktur und der demografischen Tendenzen in nächster Zukunft verstärkt zu einem Mangel an Arbeitskräften kommen. Sämtliche Maßnahmen zur Förderung der geografischen wie der beruflichen Mobilität müssen neu bewertet werden, um Hindernisse, die im Zusammenhang mit dem beruflichen Abschluss, dem Alter, der beruflichen Neueinstufung, den Verhältnissen am Wohnungsmarkt, familiären Gründen usw. bestehen, abbauen zu können."[112]

Es kann festgehalten werden, dass die fortschreitende Europäische Integration Migrationsprozesse bis 2004 eher gemindert als gefördert hat. Im folgenden Kapitel werden die Entwicklungen seit der Osterweiterung dargestellt, wobei Polen als dem Beitrittsland mit der höchsten Emigrationsrate besondere Aufmerksamkeit geschenkt wird.

---

[110] International Organization of Migration (2004): 72f.
[111] Vgl. Homepage der Europäischen Union
[112] Europäische Kommission (2001): 12

4. Migrationsprozesse vor und nach 2004: Das Beispiel Polen

Zwischen den Mitgliedstaaten der EU-15 haben sich keine bedeutenden Migrationsbewegungen entwickelt, und die Fördermaßnahmen der EU lassen bisher keine weit reichenden Folgen erkennen. Seit dem 01. Mai 2004 besteht die Europäische Union aus 25 Staaten. Die Bürger der zehn neuen Mitgliedsländer mit ihren unterschiedlichen Migrationstraditionen werden nach und nach die volle Freizügigkeit erhalten. In den letzten 10-15 Jahren war das Auswanderungsniveau aus den acht mittel- und osteuropäischen Staaten, die 2004 der Europäischen Union beigetreten sind, relativ gering. Trotz weit größerer Freiheiten bezüglich der Auswanderung ist die Zahl der Menschen, die in ein anderes Land gezogen sind, in der Transformationszeit, die 1989 mit dem Fall des Eisernen Vorhangs eingeläutet wurde, nicht gestiegen, sondern gesunken. Sowohl die Migration innerhalb der EU-8 als auch die Migration von Menschen aus der EU-8 in Länder außerhalb der EU ist minimal. Nur aus Polen und in geringerem Maße der Slowakei und Litauen sind signifikante Wanderungsströme in die EU-15 zu verzeichnen. Polen ist das Land mit der höchsten Emigrationsrate.[113] Deutschland war sowohl während des Kalten Krieges als auch danach das Hauptzielland für Migranten aus den mittel- und osteuropäischen Ländern und besonders aus Polen. Zwischen 1954 und 1988 betrug die polnische Nettoimmigration in die Bundesrepublik Deutschland insgesamt 790.500, darunter waren 468.900 Aussiedler und 321.600 ethnische Polen.[114] Die Zahl der heute in Deutschland lebenden Polen beträgt mehr als 326.000. Sie bilden damit die fünftgrößte Minderheit in der Bundesrepublik.[115]

Polen wird im folgenden Kapitel im Hinblick auf Emigrationsprozesse näher untersucht, wobei historische Entwicklungen der heutigen Situation gegenübergestellt werden. Da das Land beispielhaft für einen der im Jahr 2004 der EU beigetretenen Staaten betrachtet wird, werden in einem separaten Teil auch die Auswanderungsprozesse aus allen neuen EU-Staaten seit 2004 dargestellt. Die besondere Rolle Polens als das Neumitglied mit der höchsten Migrationsrate wird durch Vergleiche mit anderen EU-8-Ländern verdeutlicht. Anhand der folgenden Darstellungen soll es ermöglicht werden, sowohl die EU-interne Migration als auch die polnische Migration vor 2004 mit den Migrationsprozessen nach 2004 zu vergleichen und im Anschluss die Frage zu beantworten, ob die EU-Mitgliedschaft neue Migrationsmuster initiiert.

---

[113] Vgl. Fihel et al. (2006): 50
[114] Vgl. Korcelli (1996): 254
[115] Bundesamt für Migration und Flüchtlinge (2005a)

4.1 Rahmenbedingungen der EU-Binnenmigration seit 2004

Obwohl die Bürger der zehn Staaten, die am 01. Mai 2004 der EU beige-treten sind, mit dem Beitritt die Unionsbürgerschaft erlangt haben, gel-ten die Bestimmungen zur Arbeitnehmerfreizügigkeit für sie noch nicht in vollem Umfang. Aus Angst vor einem Ansturm billiger Arbeitskräfte be-schlossen die bisherigen EU-Staaten die Einführung der so genannten ‚2+3+2'-Regelung, die besagt, dass das Recht auf Freizügigkeit der Ar-beitnehmer während einer Übergangsfrist von bis zu sieben Jahren nach dem Beitritt in drei Phasen eingeschränkt werden kann. Besonders Deutschland und Österreich setzten sich aufgrund ihrer geographischen Nähe zu den neuen Mitgliedstaaten für die Übergangsvereinbarungen ein.[116] Sie sehen vor, dass der Zugang zu den Arbeitsmärkten der EU-15 in den ersten beiden Jahren nach dem Beitritt durch nationale Rechtsvor-schriften und Politiken geregelt wird. Stellt ein Mitgliedstaat der EU-15 nach Ablauf der ersten Phase bei der Europäischen Kommission einen An-trag auf Weiterführung der Maßnahme, kann ihm die Erlaubnis erteilt werden, nationale Politiken für weitere drei Jahre und nach Ablauf dieser Phase für höchstens weitere zwei Jahre anzuwenden. Die Übergangsre-gelungen können auf keinen Fall länger als sieben Jahre bestehen bleiben. Kriterium für die Verlängerung der Regelung ist die Begründung einer be-sonders schwerwiegenden Situation auf dem jeweiligen nationalen Ar-beitsmarkt.

Betroffen von der ‚2+3+2'-Regelung sind seit dem 01. Mai 2004 die Bürger der Tschechischen Republik, Polens, Estlands, Lettlands, Litauens, Un-garns, Sloweniens und der Slowakei sowie seit dem 01. Januar 2007 Bul-gariens und Rumäniens. Die Arbeitnehmerfreizügigkeit der Bürger Maltas wurde nur durch eine Schutzklausel, die der Bürger Zyperns gar nicht ein-geschränkt. Mitgliedstaaten, deren Freizügigkeit begrenzt wurde, haben die Möglichkeit, ihrerseits Beschränkungen ihrer Arbeitsmärkte für Ange-hörige derjenigen Mitgliedstaaten vorzunehmen, die die Übergangsrege-lungen anwenden (‚Grundsatz der Gegenseitigkeit'). Bei der Einstellung ist Arbeitnehmern der neuen EU-Mitgliedstaaten Vorrang vor Arbeit-nehmern aus Drittstaaten zu gewähren. Der Grundsatz der Gleichbehand-lung im Rahmen der Freizügigkeit (vgl. 3.1) wird wirksam, sobald ein Ar-beitnehmer Zugang zum Arbeitsmarkt eines Mitgliedstaates, der schon vor 2004 Mitglied der EU war, erhalten hat.[117]

---

[116] Vgl. Heinen/Pegels (2006): 2
[117] Vgl. Homepage der Europäischen Kommission (b)

Bezogen auf die acht mittel- und osteuropäischen Staaten, die 2004 der EU beigetreten sind, entscheiden die Mitgliedstaaten der EU-15 jeweils im Mai 2004, im Mai 2006 und im Mai 2009, ob die Übergangsregelungen bezogen auf ihren nationalen Arbeitsmarkt für die nächste Phase angewandt werden soll oder nicht.

Im Jahre 2004 entschieden sich lediglich Irland, das Vereinigte Königreich und Schweden dafür, ihre Arbeitsmärkte sofort uneingeschränkt für die Arbeitnehmer der neuen EU-Mitgliedstaaten zu öffnen. Die übrigen Staaten der EU-15 behielten ihr nationales System bei, beschlossen jedoch zum Teil einige Änderungen oder führten ein Quotensystem ein.[118] Drei EU-8-Staaten – Polen, Slowenien und Ungarn – schränkten ihrerseits die Freizügigkeit für Arbeitnehmer der EU-15 ein.

Im Mai 2006 beschlossen auch Griechenland, Finnland, Portugal und Spanien und im Juli 2006 Italien eine sofortige Aufhebung der Beschränkungen. Belgien, Dänemark, Frankreich, Luxemburg und die Niederlande wählten den Weg, unter Anwendung verschiedener detaillierter Bestimmungen und Vereinfachungen die Übergangsregelungen innerhalb der nächsten drei Jahre schrittweise aufzuheben. Nur Österreich und Deutschland stellten einen Antrag auf die Aufrechterhaltung der Maßnahme bis mindestens 2009. Während Slowenien und Polen die Einschränkungen gegenüber Arbeitnehmern der EU-15 aufhoben, wurden diese von Ungarn beibehalten. Alle Staaten der EU-15 außer Schweden und Finnland beschränkten ihre Arbeitsmärkte für Arbeitnehmer aus Rumänien und Bulgarien, während alle neuen Mitgliedstaaten außer Malta (und Ungarn nur unter Aufstellung einiger Bedingungen) ihre Märkte öffneten. Innerhalb der EU-8 gilt also bisher im Gegensatz zur gesamten EU-27 die uneingeschränkte Freizügigkeit der Arbeitnehmer.[119]

4.2 Emigration aus den neuen Mitgliedstaaten seit 2004

Für die neuen Mitgliedstaaten der EU gilt noch nicht die volle Freizügigkeit. Jedoch wurden die Übergangsbeschränkungen von den meisten Staaten, die diese bis 2006 aufrecht erhalten hatten, inzwischen aufgehoben, und innerhalb der EU-8 (d.h. Malta und Zypern ausgenommen) existierten von 2004 an keinerlei Beschränkungen. Seit der Osterweiterung sind die freien Wanderungsmöglichkeiten innerhalb der EU also durchaus gewachsen. Vor 2004 wurden Befürchtungen geäußert, es müsse mit einer Masseneinwanderung aus den mittel- und osteuropäi-

---

[118] Vgl. Homepage der Europäischen Kommission (c)
[119] Vgl. Internetportal EurActiv.com (a), Homepage der Europäischen Kommission (c)

schen Staaten gerechnet werden. Begründet wurden diese mit der im Vergleich zur EU-15 schwachen Wirtschaftsleistung der neuen Mitgliedstaaten, besonders der EU-8. Als Grundlage der Berechnung von potentiellen Migrationsströmen galt in der Regel die neoklassische Wirtschaftstheorie, die Einkommensunterschiede als wichtigsten Pull- bzw. Push-Faktor ansieht.[120] Diese Berechnungen haben sich in großer Zahl als übertrieben herausgestellt. Der polnische Migrationsforscher Marek Okólski weist darauf hin, dass pauschale Vergleiche zwischen früheren Erweiterungsrunden und der Osterweiterung gezogen wurden, die so nicht zutreffend seien. Beispielsweise habe es anders als vor der Erweiterung 1973 vor der Osterweiterung für die Bürger der neuen Mitgliedstaaten keine Anwerbemaßnahmen gegeben, so dass diese keine Möglichkeit gehabt hätten, Strukturen und Netzwerke in den EU-Staaten zu etablieren, die nach der Erweiterung Folgemigrationen auslösen könnten. Zwar habe es durchaus Anstellungsverhältnisse gegeben, diese seien aber durchgängig unqualifizierter Struktur und durch Kurzzeitverträge geprägt gewesen. Auch seien die bereits vor 1973 in Deutschland arbeitenden Menschen aus Griechenland, Portugal und Spanien nicht nur in festen Verträgen, sondern auch rechtlich abgesichert gewesen, während die vor 2004 in der EU arbeitenden EU-8-Bürger häufig illegal beschäftigt gewesen seien.[121] Auch wenn Okólskis Anmerkungen in Bezug auf die 1973er Erweiterung zutreffen mögen, seien sie bezüglich der Erweiterungen 1986 und 1995 in Zweifel gezogen, da Anwerbemaßnahmen nur bis 1973 stattgefunden haben. Jedoch bleibt eine Unvergleichbarkeit bestehen, da die seit den früheren 1990er Jahren aufgetretenen Formen der kurzzeitigen und unqualifizierten Arbeitsmigration, die die Angst vor einem Ansturm unqualifizierter Kräfte geschürt hat, nur für die mittel- und osteuropäischen Länder kennzeichnend waren. Relativ unumstritten ist nach den nunmehr fast drei Jahren, die seit der Erweiterungsrunde vergangen sind, dass diese Befürchtungen im Großen und Ganzen als unbegründet zurückgewiesen werden können, da die Emigration aus den neuen Mitgliedstaaten insgesamt sehr gering geblieben ist.

Die Datenlage in Bezug auf Wanderungsbewegungen seit 2004 ist als kritisch einzuschätzen, da die Zahlen der bis heute stattgefundenen Wanderungen oftmals zu niedrig waren, um statistisch verwertbar zu sein. Zwar hat die Europäische Kommission mit Hilfe von Angaben aus den Mitgliedstaaten spezielle Statistiken erhoben, um die Wanderungsbewegungen zwischen der EU-15 und der EU-10 seit 2004 zu messen[122], jedoch sollten

---

[120] Vgl. Fihel et al. (2006): 59
[121] Vgl. Okólski (2005): 210
[122] Vgl. Europäische Kommission (2006): 217

die im Folgenden angeführten Daten trotzdem eher als Trends, denn als statistisch hundertprozentig fundierte Angaben betrachtet werden.

Nach einer Eurobarometer-Umfrage aus dem Jahre 2005 bestehen innerhalb der nächsten fünf Jahre (d.h. bis 2010) besonders geringe Wanderungsabsichten in Tschechien, Slowenien, Ungarn, der Slowakei, Malta und Zypern, so dass diese Länder von der Kommission als „Neue Mitgliedstaaten mit geringer Mobilität" bezeichnet werden, während Polen und die baltischen Staaten als „Neue Mitgliedstaaten mit hoher Mobilität" gelten.[123] Betrachtet man die tatsächliche Migration seit der EU-Erweiterung, sind die höchsten Wanderungsbewegungen aus Polen zu verzeichnen, gefolgt von Litauen und der Slowakei.[124] Die Emigration aus Malta und Zypern ist marginal und nicht in Zahlen auszudrücken. Dies wurde erwartet und stellt den Grund dafür da, dass diese beiden Länder von den Übergangsbeschränkungen ausgenommen blieben. Der Anteil aller aus der EU-10 stammenden Menschen innerhalb der EU-15 machte 2005 nur 0,2% der gesamten EU-Bevölkerung aus.[125] In der EU-25 insgesamt leben und arbeiten weit mehr Ausländer, die aus Ländern außerhalb der EU stammen, als Bürger aus einem anderen EU-Land: erstere machen 3,4% an der Gesamtbeschäftigung im Vergleich zu 1,2% aus der EU-15 aus.[126] Ausnahmen bilden hier Belgien, Luxemburg und Irland, wo der Anteil der EU-Ausländer an der Gesamtbeschäftigung den der Drittstaatenangehörigen übersteigt.[127] Irland ist gleichzeitig das Land der EU-15, das den höchsten Anteil arbeitender Menschen aus der EU-10 aufweist: Er stieg im Zeitraum von 2004 bis 2005 von 1,9% auf 3,8% der arbeitenden Bevölkerung.[128] Auch im Vereinigten Königreich und in Deutschland leben und arbeiten relativ viele Menschen aus der EU-10, jedoch liegt der Anteil an der Gesamtbeschäftigung unter 1%. Auffällig ist, dass 83% aller EU-10-Migranten, deren Ankunftsland in der Zeit vom 01. Mai 2004 bis zum 31. Dezember 2005 das Vereinigte Königreich war, zwischen 18 und 34 Jahre alt waren. Weiterhin gaben 90% aller Besucher des Vereinigten Königreichs (Februar bis April 2006) in britischen Erhebungen an, dass sie nicht vorhätten, länger als drei Monate zu bleiben.[129] Dies deutet auf eine Dominanz kurzzeitiger Wanderungen hin. Allerdings muss darauf aufmerk-

---

[123] Vgl. Europäische Stiftung zur Verbesserung der Lebens- und Arbeitsbedingungen: 23
[124] Vgl. Fihel et al. (2006): 29
[125] Vgl. Europäische Kommission (2006): 210
[126] Vgl. ebd.: 214
[127] Vgl. ebd.: 211
[128] Vgl. ebd.: 218
[129] Vgl. Fihel et al. (2006): 25

sam gemacht werden, dass die Emigration aus der EU-10 nicht erst am 01. Mai 2004 begonnen hat. Diejenigen Länder der EU-15, die ihre Arbeitsmärkte sofort für die neuen Mitgliedstaaten öffneten, wurden von der EU verpflichtet, Statistiken über das Ausmaß der Migration zu führen. Für viele zum Teil schon lange in diesen Ländern lebende bzw. arbeitende Menschen ergab sich damit die Möglichkeit ihren Aufenthalt zu legalisieren. Dies gilt besonders für das Vereinigte Königreich. Dort registrierten sich im Mai 2004 zwar fast 6.000 ausländische Arbeiter, jedoch wird geschätzt, dass nur ein Viertel von ihnen neu zugereist war. Allerdings überwog schon nach zwei Monaten der Anteil der neu angekommenen Antragsteller den der bereits zuvor anwesenden.[130] 61% aller Bewerber um eine Arbeitsstelle im Vereinigten Königreich im Zeitraum Mai 2004 bis März 2006 waren Polen. Diese stellen nicht nur dort, sondern auch in Irland die größte und damit insgesamt die mobilste Gruppe unter den EU-8-Migranten und bilden eine Ausnahme unter den ansonsten eher wenig mobilen neuen Mitgliedstaaten – beispielsweise gab es im Gegenzug nur minimale Bewerberzahlen aus Slowenien, obwohl diese im selben Maße von den neuen Möglichkeiten der Arbeitnehmerfreizügigkeit Gebrauch machen könnten.[131] Die im Vergleich zu den anderen EU-10-Staaten auffällig starke polnische Emigration seit 2004 wird in den folgenden Abschnitten näher untersucht und mit historischen Entwicklungen in Beziehung gesetzt.

4.3 Polnische Migration: ein historischer Überblick

Im Verlauf des 19. Jahrhunderts waren Deportationen vieler tausend Polen nach Sibirien und in andere Gebiete erfolgt, besonders nach dem nationalen Aufstand in Polen 1863/64. Bis zum Beginn des Ersten Weltkrieges im Jahre 1914 verließen dann über 3 Mio. Polen ihr Land, wobei die meisten von ihnen nach Übersee, besonders in die USA gingen. Stimuliert wurde diese Auswanderungswelle durch hohe Arbeitslosigkeit und ländliche Armut, ausgelöst durch starkes Bevölkerungswachstum im mittleren und späten 19. Jahrhundert, zur Zeit der Aufteilung Polens zwischen Russland, Preußen und Österreich.[132] In der Zwischenkriegszeit 1919-1939 wanderten weitere 1,5 Mio. Menschen aus, ca. ein Drittel davon in die USA. Weitere bedeutende Zielgebiete waren das deutsche Ruhrgebiet, Frankreich, Kanada, Brasilien und Australien.

---

[130] Vgl. ebd.: 27f.
[131] Vgl. ebd.: 29
[132] Vgl. Korcelli (1996): 245; zu den polnischen Teilungen vgl. Golz (1996): 476ff.

Die Emigration aus Polen war bis 1939 größtenteils ökonomisch motiviert. Von Beginn bis zum Ende des zweiten Weltkrieges (und als Folge desselben weit darüber hinaus) hatten hingegen Phasen der Deportation, Umsiedlung und Vertreibung bedeutenden Anteil an der Emigration aus Polen.[133] Insgesamt wird geschätzt, dass im Verlauf des Zweiten Weltkriegs mehr als 5 Mio. Polen ihr Land verließen bzw. verlassen mussten.[134] Als Konsequenz neuer Grenzziehungen und ethnischer Säuberungen erfolgten Massendeportationen nach Deutschland und in die Sowjetunion. So wurden aus den bis 1939 polnischen Teilen der Ukraine, Weißrussland und Litauen 1,5 Mio. Polen vertrieben, während 6 Mio. Deutsche sowie eine halbe Million Ukrainer Polen und die ehemaligen deutschen Ostgebiete verlassen mussten.[135] Das Bundesvertriebenengesetz 1953 leitete aus der Volkszugehörigkeit der Vertriebenen einen Rechtsanspruch auf die deutsche Staatsangehörigkeit, die so genannte ‚Anspruchseinbürgerung', ab.[136] Auch Art. 116 GG definiert Aussiedler als deutsche Staatsangehörige. Bis zum Jahr 1989 stellten die Polen die größte Gruppe unter den nach Deutschland wandernden Aussiedlern: von insgesamt 377.036 Aussiedlern 1989 stammten 250.340 aus Polen.[137]

Angelehnt an die Typologisierung von Migranten durch Pries (siehe 2.2) kann die polnische Migration bis 1945 durch die Typen Emigranten/Immigranten und Remigranten charakterisiert werden. Nach dem Zweiten Weltkrieg trat ein neuer Typus hinzu, der von Iglicka als *Pendelmigrant* bezeichnet wird. Für den Pendelmigranten ist sein Herkunftsgebiet der Ort, an dem er seinen festen Wohnsitz und seinen Lebensmittelpunkt hat und das Ankunftsgebiet nur der Arbeitsort bzw. ein Ort, an dem schneller Reichtum ermöglicht wird. Die Pendelmigration ist auf kurze Zeit begrenzt und nimmt eine zentrale Rolle für die Analyse der polnischen Migration ab 1945 ein.[138]

Während des Kalten Krieges wurde Migration von den politischen Machthabern des kommunistischen Blocks weitgehend unterbunden, so auch in Polen. Nach einer Phase der Land-Stadt-Migration in den 1950er Jahren war die vorherrschende Mobilitätsform die des Pendelns zur Arbeit in große industrielle Zentren. Legale internationale Arbeitsmigration existierte nur innerhalb der verbündeten Staaten und wurde strikt kontrol-

---

[133] Vgl. Iglicka (2001): 13
[134] Vgl. ebd.
[135] Vgl. Korcelli (1996): 245
[136] Vgl. Treibel (1999): 32
[137] Vgl. ebd.
[138] Vgl. Iglicka (2001): 14

liert.[139] Die Aussiedlung aus den ehemaligen deutschen Ostgebieten kann als ,Schlupfloch' innerhalb eines strikt kontrollierten Systems bezeichnet werden.[140] Während in den Jahren 1945-1960 die Umsiedlung von ethnischen Deutschen ihren Höhepunkt fand (1946-1950 wurden 2,3 Mio. Deutsche in organisierten Aktionen umgesiedelt), überwog ab 1956 die Aussiedlung im Rahmen des Familiennachzugs.[141] Allein in den Jahren 1956-1958 nutzten 232.000 Polen, somit 80% aller registrierten Auswanderer, diese Möglichkeit.[142] Die Massenemigration im Sinne der Aussiedlung folgte zwei von der polnischen Regierung erlassenen Resolutionen 1955 und 1957, die die Ausreise ethnischer Deutscher erleichtern sollten. Die Gewährung der Ausreisegenehmigung erfolgte dabei unabhängig von der Staatsangehörigkeit, was dazu führte, dass auch viele ethnische Polen (oft aus den größtenteils von Deutschen bevölkerten ehemaligen deutschen Ostgebieten) unter dem Deckmantel der Aussiedlung das Land verlassen konnten. Diese liberale Ausreisepolitik in Bezug auf Aussiedler bzw. Polen, die eine legale Ausreise der Beibehaltung der polnischen Staatsbürgerschaft vorzogen (jede legale Ausreise war mit dem Verlust der polnischen Staatsbürgerschaft verbunden), war Teil eines Plans der polnischen Regierung, im Zusammenhang mit der Repatriierung ethnischer Polen aus der UdSSR einen ethnisch homogenen rein polnischen Staat zu schaffen.[143] Die strikte Kontrolle jeglicher Bevölkerungsbewegungen und das Verbot der Auswanderung außerhalb der Aussiedlergesetzgebung führten zu einer Welle der illegalen Auswanderung aus Polen. 1980-1989 verließen zwischen 1,1 und 1,3 Mio. Polen ihr Land, wobei nur 271.000 Ausreiseanträge gestellt wurden. 633.000 von ihnen wurden in Deutschland als Aussiedler anerkannt.[144] Die Emigration in den 1980er Jahren wurde sowohl durch die beginnende Verfolgung der Anhänger der Gewerkschaft Solidarność als auch durch die Verhängung des Kriegsrechts 1981 stimuliert.[145]

Insgesamt wurde die Emigration vor 1989 durch eine Reihe ökonomischer und politischer Faktoren geprägt. Während viele Polen eine Auswanderung durch die Situation in ihrem Heimatland in Erwägung zogen, bestand in vielen westeuropäischen Ländern ein hoher und nicht zu deckender Bedarf an Arbeitskräften. Des Weiteren verfolgten Politiker westeu-

---

[139] Vgl. Fihel et al. (2006): 5
[140] Vgl. ebd.: 22ff.
[141] Vgl. Iglicka (2001): 16f.
[142] Vgl. Fihel et al. (2006): 22ff.
[143] Vgl. Iglicka (2001): 18, 23
[144] Vgl. Fihel et al. (2006): 22ff.
[145] Vgl. ebd.: 26

ropäischer Staaten eine „de facto open door policy" für politische Flüchtlinge aus den mittel- und osteuropäischen Ländern, um sich von den dortigen Regimes abzugrenzen.[146] Besonders nach dem offiziellen Anwerbestopp für süd- und südosteuropäische Arbeitskräfte 1973 wurde Deutschland als Zielland der Arbeitsmigration für viele Polen interessant[147], nachdem zuvor ein historisches Minimum der Auswanderung erreicht worden war und nur 10.000-15.000 Auswanderer pro Jahr aus Polen gezählt wurden.[148] Wie Iglicka betont, wurde aber der Anstieg der polnischen Migration nach Deutschland weniger durch die liberale deutsche Politik als durch die seit Beginn der 1970er Jahre zeitweilig weniger restriktive polnische Politik geprägt.[149] Zwischen 1960 und 1970 waren die Hauptziellländer polnischer Migration die beiden deutschen Staaten sowie Kanada und die USA, wobei die permanente Migration die temporäre bei weitem überwog. Nach 1970 sank die Migration nach Nordamerika stark ab, vermutlich als Folge strikterer Einwanderungspolitiken. Interessanterweise kann die Wahl des Ziellands sehr genau der polnischen Herkunftsregion zugeordnet werden. Auswanderer, die gen Amerika zogen, kamen zu großen Teilen aus den Regionen Białystok, Kraków und Rzeszów, während nach Deutschland Ausreisende fast ausschließlich aus den ehemals deutschen Gebieten Katowice, Olsztyn und Opole stammten.[150] Am 18. November 1970 wurde eine Verordnung erlassen (*Notification by the Government of the Polish People's Republic*), aufgrund derer legale Migration von Polen nach Deutschland aus Gründen der Familienzusammenführung oder des Zugehörigkeitsgefühls zum deutschen Volk nochmals vereinfacht wurde. Obwohl die Antragsteller, unter ihnen viele ethnische Polen, wie zuvor gezwungen wurden, im Falle einer Auswanderung ihre polnische Staatsangehörigkeit aufzugeben, erreichte ihre Zahl bereits im Dezember 1971 131.823, eine Steigerung um 54.000 gegenüber 1970. Über 60% der Emigranten stammten aus den ehemaligen deutschen Ostgebieten.[151] Zwischen 1976 und 1979 übertrugen 20.158 Polen, die ursprünglich für eine begrenzte Zeit gekommen waren, ihren festen Wohnsitz nach Deutschland. Als die Verordnung am 30. Juni 1980 außer Kraft trat, hatten sich von insgesamt 152.887 ausgereisten Polen 122.725 mit Hilfe der Verordnung eine Ausreiseerlaubnis erteilen lassen.[152] Auch touristische

[146] Vgl. ebd.
[147] Vgl. ebd.: 30f.
[148] Vgl. Korcelli (1996): 248
[149] Vgl. Iglicka (2001): 15
[150] Vgl. ebd.: 20
[151] Vgl. Iglicka (2001): 23
[152] Vgl. ebd.: 24

Ausreisen wurden seit Beginn der 1970er Jahre in Polen relativ liberal gehandhabt. So kam es, dass die Polen als die ersten Angehörigen eines Landes des östlichen Blocks die Möglichkeit bekamen, Migration als ein Mittel der Einkommensaufbesserung zu sehen und offiziell temporäre Ausreisen zu nutzen, um dauerhaft in ein anderes Land umzuziehen.[153]

Die Emigration aus Polen erreichte in den 1980er Jahren ihren Höhepunkt.[154] Als Gründe für die Auswanderungswelle in diesem Jahrzehnt gelten die Verschlechterung der Einkommenssituation und des Lebensstandards nach dem relativen Wohlstand der 1970er Jahre, wie auch die ersten Anzeichen einer politischen Destabilisierung.[155] Nach der Verhängung des Kriegsrechts 1981 wurden die zuvor zeitweilig liberalisierten Reisebeschränkungen wieder verschärft. Während die Liberalisierung von einer Migrationswelle begleitet worden war, bewirkte die erneute Verschärfung einen Migrationsrückgang. Als in den 1980er Jahren alle Bürger Reisepässe bekamen, war dies der Grund für eine erneute Ausreisewelle, die jedoch von den westlichen Staaten mit der Einführung der Visumspflicht kommentiert wurde.[156] Laut einer Schätzung der polnischen Regierung emigrierten zwischen 1981 und 1989 insgesamt 830.000 Menschen. Werden jedoch andere, d.h. regierungsunabhängige und westliche Quellen hinzugezogen, erreichte die Zahl in den 1980er Jahren zwischen 2.205.000 und 2.345.000 Emigranten. Die Diskrepanz der Zahlen belegt das Bestreben der polnischen Regierung, Emigration zu begrenzen bzw. zu verhindern sowie die Dominanz illegaler Migration. Etwa 64% aller 1981-1988 aus Polen ausgereister Menschen wurden von der Bundesrepublik Deutschland aufgenommen, weitere 12% von den USA.[157] Temporäre Migration war, wie generell im Zeitraum 1945-1989, die Ausnahme.[158]

Migrationsspezifische Charakteristika der Zeit vor 1989 waren die dauerhaft geplante Auswanderung ethnischer Minderheiten vor allem im Rahmen der Familienzusammenführung und die politisch motivierte, oft illegale Migration im Rahmen eines Asylgesuchs in westeuropäischen Ländern, besonders in Deutschland. Die Zahl der Rückkehrer war insgesamt sehr gering.[159] 1984 und 1985 machte die illegale Emigration über 80% der gesamten Auswanderung aus. Der typische polnische Emigrant der

---

[153] Vgl. ebd.: 43
[154] Vgl. Korcelli (1996): 248
[155] Vgl. ebd.: 252
[156] Vgl. ebd.
[157] Vgl. Korcelli (1996): 253
[158] Vgl. Iglicka (2001): 25
[159] Vgl. Fihel et al. (2006): 50

1980er Jahre war jung und gut ausgebildet und stammte aus einem groß-städtischen industrialisierten Gebiet.[160] Vor allem Computerspezialisten, Physiker und Biologen wurden durch Langzeitverträge im Ausland gebunden oder wanderten dauerhaft aus.[161] Der ungewöhnlich hohe Frauenanteil in den offiziellen Statistiken im Gegensatz zu einem fast gleichen Geschlechterverhältnis in anderen Quellen lässt eine große Anzahl Männer unter den illegalen Emigranten vermuten, denen ihre Frauen zeitversetzt und auf legalem Wege, oft mit Kindern, folgten.[162] Die familiäre Bindung von ausgewanderten Polen aus den ehemaligen deutschen Ostgebieten zu Polen aus anderen Regionen des Landes führte zu einer Ausweitung der regionalen Herkunft unter den Migranten und zu einer neuen (illegalen) Form des Familiennachzugs von ethnischen Polen unter sich.[163]

Wie Korcelli konstatiert, waren „der kleinere Teil der Auswanderer der 70er und 80er Jahre [...] junge Menschen, die sich als Polen fühlten."[164] Zwar ist dies in Bezug auf die politisch motivierte Migration junger Intellektueller in Frage zu stellen, jedoch bietet es eine Erklärung für die vorherrschende dauerhafte Migration. Die Entwicklung in Richtung kurzzeitiger Migration ab 1989 (s.u.) könnte so auch mit Hilfe mikroperspektivischer Ansätze gedeutet werden – Verbundenheit mit dem Land und die Einbindung in Netzwerke in der Heimat können kurzzeitige Migration attraktiver erscheinen lassen als dauerhafte.

Das Ende des Kalten Krieges 1989 und die ihm nachfolgenden Entwicklungen stellten einen Wendepunkt hinsichtlich der Emigrationsbewegungen aus Polen dar. Während die polnische Ausreisepolitik liberalisiert wurde, begannen westliche Staaten ihre Einwanderungspolitiken restriktiver zu handhaben. Der Erlass des deutschen Kriegsfolgenbereinigungsgesetzes 1992, das den Nachweis des individuellen Vertreibungsdrucks für alle außer aus der ehemaligen UdSSR stammenden Aussiedler erforderlich machte und eine Quotierung auf jährlich 250.000 Aussiedler einführte[165], verringerte den Zuzug von Aussiedlern aus Polen nach Deutschland erheblich: von 17.742 im Jahre 1992 auf 1.175 im Jahre 1996 und 687 im Jahre 1997.[166] Zwar kam somit die Zuwanderung im Rahmen der Er-

---

[160] Vgl. Iglicka (2001): 26
[161] Vgl. ebd.: 32
[162] Vgl. ebd.: 26
[163] Vgl. ebd.: 27
[164] Korcelli (1996): 260
[165] Vgl. Treibel (1999): 37. Die Quote wurde später auf 100.000 Personen jährlich abgesenkt. Quelle: www.bva.bund.de.
[166] Vgl. Bundesamt für Migration und Flüchtlinge (2005b): 65

langung des Aussiedlerstatus' nahezu zum Erliegen, jedoch wurde 1990 mit der Einführung bilateraler Arbeitsverträge zwischen Deutschland und Polen eine neue Form der Arbeitsmigration etabliert, die sich insbesondere auf Saisonarbeit und projektgebundene Tätigkeiten konzentrierte.[167]

Die Migration aus Polen diversifizierte sich. Die offizielle polnische Haltung während der 1980er Jahre, dass Emigration mit einer dauerhaften Wohnsitzverlagerung gleichzusetzen sei („you may leave, but it will be forever"), hatte viele Polen dazu bewogen, ihre Auswanderungspläne nicht offiziell bekannt zu geben und sich einen offiziellen Wohnsitz in Polen und somit die Rückkehroption zu erhalten.[168] Diese Entwicklung führte zu einer Unterschätzung der Migration von offizieller Seite, da alle Personen mit ordentlichem Wohnsitz in die Bevölkerungsstatistik eingehen. Auch kann sie als ein Vorzeichen der sich ab 1989 abzeichnenden Veränderung hin zu temporärer Migration gelten. Zwar existierte bis 1989 offiziell nur dauerhafte Emigration, doch inoffiziell begannen die Menschen auch kurzzeitige Wanderungen zu unternehmen. Nach 1989 wurde die zuvor (häufig illegale) dauerhafte Auswanderung zum großen Teil durch temporäre Formen der Migration ersetzt: Saisonarbeiten und Staatsgrenzen überschreitendes Pendeln fanden als neue Formen möglicher Migration starke Verbreitung. So stieg die Zahl polnischer Saisonarbeiter in Deutschland im Zeitraum von 1994 bis 2004 von 136.659 auf 286.623, womit die Polen die deutlich größte Gruppe unter allen Saisonarbeitern in Deutschland stellen.[169] Zusätzlich führte die Einführung von dreimonatigen Touristenvisa für Einwohner mittel- und osteuropäischer Staaten durch westeuropäische Regime in den 1990er Jahren zu einer neuen populären Form der temporären Arbeitsmigration unter dem Deckmantel der Visa: laut Mitte der 1990er Jahre in Polen durchgeführter Umfragen existierten zu dieser Zeit eine Reihe von Regionen, in denen zwischen einem Drittel und weit über der Hälfte aller Haushalte von den durch ,falschen Tourismus' verdienten Einkommen lebten.[170] Aufgrund von neuen ökonomischen Faktoren wie den deutschen Arbeitsmarkterfordernissen, die Migrationsanreize schufen, wurde dauerhafte Auswanderung so durch temporäre Arbeitsmigration ergänzt und entwickelte sich zu einer immer populäreren Wanderungsform. Laut Iglicka ist dieser Wechsel von per-

---

[167] Vgl. Fihel et al. (2006): 30f.
[168] Vgl. Iglicka (2001): 15
[169] Vgl. Fihel et al. (2006): 28
[170] Vgl. Jazwińska/Okólski (2001), zitiert nach Fihel et al. (2006): 25

manenter zu temporärer Migration[171] „the most important one in Poles' migratory behaviours during the transition period."[172] Auch betont sie, dass es nun wie schon Anfang der 1970er Jahre auch zu Beginn der Transformationsphase staatliche Regulierungen waren, die das Ausmaß und die Gestalt der polnischen Migration festlegten, diesmal jedoch die der westlichen Hälfte Europas.[173]

Trotz neuer Formen der Migration und der neu erlangten Reisefreiheit sank die Emigration aus Polen während der Transformationszeit auf das geringste Niveau seit 1960 und war um ca. 40% geringer als zwischen 1985 und 1989.[174] Wie zuvor festgestellt war der typische Emigrant der 1980er Jahre jung und gut ausgebildet. Gerade für diese Gruppe von Menschen bot die politische, gesellschaftliche und wirtschaftliche Transformation eine Reihe neuer Möglichkeiten im eigenen Land. Im Gegensatz dazu traf die Transformation diejenigen, die zuvor in die Planwirtschaft eingebunden gewesen bzw. bei annähernder Vollbeschäftigung durch das kollektive soziale Netz aufgefangen worden waren, also hauptsächlich Arbeiter sowie schlecht ausgebildete, nicht mehr ganz junge Menschen mit Anpassungsproblemen an die neuen Erfordernisse der Marktwirtschaft. 1994 übertraf die Zahl der männlichen Emigranten in den offiziellen Statistiken erstmals die der weiblichen, ein Zeichen für sich verändernde Migrationsmuster und einen Rückgang der illegalen Migration.[175] Die Dominanz junger, häufig akademisch gebildeter Menschen wurde ersetzt durch die Dominanz eher schlecht ausgebildeter 35- bis 45-Jähriger. Viele dieser Arbeiter waren zuvor innerhalb Polens gependelt und suchten nun nach einem deutlichen Anstieg der Arbeitslosigkeit in den 1990er Jahren Arbeit in anderen, oft westlichen Ländern. So fand ein Wechsel von regionaler Mobilität zu internationaler Migration statt.[176] Jedoch blieb auch der junge akademisch gebildete Migrant auf der Suche nach Arbeit im anderen Land weiterhin erhalten. Jüngere Menschen dominierten unter den temporären Migranten, ältere unter den permanenten.[177] Wie in den achtziger Jahren stammten ca. 50% der E-

---

[171] Der Begriff der permanenten Migration kann irreführend sein. Auch wenn die Migration zum Zeitpunkt der Auswanderung dauerhaft geplant ist, kann sie letztendlich mit einer Rückkehr enden.
[172] Iglicka (2001): 39
[173] Vgl. ebd.: 15
[174] Vgl. ebd.: 28
[175] Vgl. Iglicka (2001): 29
[176] Fihel et al. (2006): 26
[177] Vgl. Iglicka (2001): 40ff.

migranten aus städtischen und industrialisierten Gebieten. Weiterhin war Deutschland das Hauptzielland der Migration.[178]

Auch wenn nach 1989 große politische Veränderungen vor sich gingen, scheint die Migration in den 1990er Jahren nicht vor allen Dingen durch politische Faktoren geprägt gewesen zu sein sondern durch neue Rahmenregelungen der Migration sowie durch ökonomische Faktoren, die vor 1989 im planwirtschaftlichen Polen keine Rolle gespielt haben, also durch neue Chancen für Hochqualifizierte und neue Risiken für Geringqualifizierte im eigenen Land.

Generell ist zu den angeführten Zahlen anzumerken, dass die Datenlage bezüglich der Emigration aus Polen zweifelhaft ist. Wegen der Popularität der illegalen Migration während des Kalten Krieges wurde die Abwanderung unvollständig dokumentiert. So ist die Zahl der tatsächlichen Auswanderer anhand von Statistiken schwer zu rekapitulieren. 1970 wurde eine Diskrepanz von 280.000 ausgewanderten Personen zwischen den Bevölkerungsstatistiken und einer Volkszählung gemessen. 1978 betrug die Diskrepanz 82.000, und 1988 stieg sie erneut auf 85.000.[179] 1988, im Spitzenjahr der Auswanderung, wurden 26.000 offizielle Auswanderungen sowie 1.664.000 zeitlich begrenzte Reisen dokumentiert. Von den angeblich zeitlich begrenzt Reisenden kehrten 202.000 nicht zurück, so dass sich die Zahl der tatsächlichen Auswanderung auf 228.000 beläuft.[180] Trotz einer inzwischen nachgearbeiteten Zahl von 30.300 Polen, die 1988 nach Italien und von 19.600 Polen, die im selben Jahr nach Griechenland auswanderten, treten diese Länder in den offiziellen Statistiken der Jahre 1981-1992 nicht bzw. als nicht bedeutend auf.[181] Das Entstehen neuer bedeutender innereuropäischer Zielländer für polnische Migranten um 1990 wurde somit von offizieller Seite ignoriert.[182] Seit 1989 werden generell keine individuellen Ausreisen aus Polen mehr erfasst. Die Rekapitulation von Migrationsströmen wird so weiter erschwert.[183]

4.4 Polnische Emigration seit 2004: Kontinuität und Wechsel

Vor der EU-Osterweiterung schrieb Marek Okólski, durch den Beitritt Polens seien keine weit reichenden Veränderungen im Migrationsverhalten zwischen seinem Land und der EU zu erwarten: „The EU-enlargement

---

[178] Vgl. ebd.: 30
[179] Vgl. Korcelli (1996): 250
[180] Vgl. ebd.: 253
[181] Vgl. Iglicka (2001): 42f.
[182] Für weitere Informationen vgl. ebd.: 47-51
[183] Vgl. ebd.: 16

could bring about relatively modest changes in migration movements between Poland and the EU."[184] Er erwarte eher einen „short-lived migration hump" als grundlegend neue Migrationsstrukturen und begründete dies mit relativ schwach ausgebildeten polnischen Netzwerken in EU-Ländern, einem weitgehend abgeschlossenen Prozess der Familienzusammenführung, schwachem polnischen Potential an Hochqualifizierten und Bedarf an diesem Potential in Polen selbst und EU-Strukturen, die es weiterhin ermöglichten, bestimmten Berufsgruppen den Zugang auch auf durch Übergangsbeschränkungen geschützte Arbeitsmärkte zu gewähren. Bezüglich des letzten Punkts erwarte er die Migration vor allem unqualifizierter Kräfte.[185] Des Weiteren befürchte er die Zunahme illegaler Beschäftigung polnischer Arbeitnehmer auf EU-Märkten aufgrund einer höheren Konzentration von Arbeitsuchenden auf den EU-Märkten im Widerspruch zu einem begrenzten Angebot an legalen Arbeitsverhältnissen.[186]

Auch das Außenministerium Polens und andere polnische Migrationsforscher vermuteten, nach der Erweiterung werde sich das Ausmaß der Migration aus Polen nicht erheblich erhöhen. Die Höhe der Arbeitslosigkeit werde keinen großen Einfluss auf das Auswanderungspotential haben, da geringe Fremdsprachenkenntnisse und die Einbindung in soziale Netzwerke potentielle Migranten in Polen halten würden.[187]

Das Institut für Migrationsforschung der Universität Warschau gibt jährlich einen Bericht über die Migrationsbewegungen aus und nach Polen heraus. Untersucht man diese Berichte im Hinblick auf die Emigrationsentwicklungen nach dem EU-Beitritt des Landes, wird deutlich, dass sich tatsächlich viele der Trends, die sich bereits in den 1990er Jahren abzeichneten, seit dem EU-Beitritt verstärkt haben. So dominiert die Arbeitsmigration immer stärker, Migrationen sind überwiegend von begrenzter Dauer, und die Wanderungen von Saisonarbeitskräften nach Deutschland sind weiterhin von großer Bedeutung. Jedoch kann den oben angeführten Einschätzungen nicht uneingeschränkt zugestimmt werden, da durchaus bedeutsame Veränderungen zu beobachten sind. Es scheint ein Zusammenspiel aus Kontinuität und Wechsel vorzuliegen. Unter Anderem steigt das Bildungsniveau der Migranten, wird illegale teilweise durch legale Migration ersetzt, und finden Veränderungsprozesse in Bezug auf die Zielländer statt.

---

[184] Okólski (2005): 223
[185] Vgl. ebd.
[186] Vgl. ebd.: 217
[187] Vgl. Grabowska (2003): 10

4.4.1 Auswanderungszahlen und Zeitrahmen der Migration

Während der Transformationszeit waren die Zahlen der permanenten Auswanderung aus Polen auf ein historisches Tief gesunken (vgl. 4.3). Zwischen 1996 und 1999 emigrierten jährlich zwischen 20.000 und 21.000 Menschen. Stimuliert durch eine insgesamt schlechte Wirtschaftsentwicklung und steigende Arbeitslosigkeit um die Jahrtausendwende, stieg die Zahl auf 26.900 im Jahr 2000, sank jedoch 2001 wieder auf 23.300, um 2002 auf 24.500 anzusteigen.[188] Die nur 20.800 Emigranten im Jahr 2003 bedeuteten das geringste Auswanderungsniveau seit 1998, und der im Folgejahr gemessene Wert von 18.887 sogar das geringste Niveau seit Mitte der 1980er Jahre.[189] 2005 stiegen die Zahlen um 18% gegenüber dem Vorjahr auf 22.242. Diese Entwicklung wird auf die polnische Regelung der Doppelbesteuerung im Falle der Arbeitsausübung im Ausland zurückgeführt, die bei steigender Arbeitsmigration viele Menschen dazu zu veranlassen scheint, sich in Polen abzumelden.[190] Die bis zu diesem Punkt angeführten Zahlen gehen auf das *Zentrale Bevölkerungsregister Polens (PESEL)* zurück. Sie beziehen sich auf Langzeitmigranten, welche als Personen mit dauerhaftem Wohnsitz in Polen definiert werden, die sich in einem anderen Land niederlassen möchten und dies der Bevölkerungsbehörde melden. Von diesem Moment an werden sie nicht mehr im Bevölkerungsregister geführt.[191]

Zwar ermöglichen die Zahlen des *PESEL* einen Überblick über die Veränderungen der dauerhaften Migration, jedoch sind in Bezug auf die Migrationsbewegungen aus Polen seit 2000 die Zahlen des *Labour Force Survey (LFS)* von weit größerer Bedeutung. Diese erfassen alle Personen, die innerhalb eines Jahres mindestens 2 Monate in einem anderen Land verbringen, zumeist um dort zu arbeiten. Der LFS unterscheidet zwischen kurzzeitiger Migration mit einer Dauer zwischen 2 und 11 Monaten und langzeitiger Migration mit einer Dauer ab 12 Monaten, wobei das Entscheidende ist, dass zum Zeitpunkt der Migration eine Rückkehr ins Herkunftsland geplant ist.[192] Diese Zahlen sind seit Ende der 1990er Jahre kontinuierlich angestiegen und bestätigen den seit 1989 absehbaren Trend, dass Arbeitsmigration begrenzter Dauer die in Bezug auf Polen vorherrschende Wanderungsform ist.

---

[188]   Vgl. Kępińska (2004): 43
[189]   Vgl. ebd.: 16 und Kępińska (2005): 1
[190]   Vgl. Kępińska (2006): 11
[191]   Vgl. Kępińska (2005): 10
[192]   In dieser Studie werden die Zahlen des LFS durchgehend als *temporäre* und die des PESEL als *permanente* Migration bezeichnet.

Diagramm 1: Emigration aus Polen 1998 - 2006

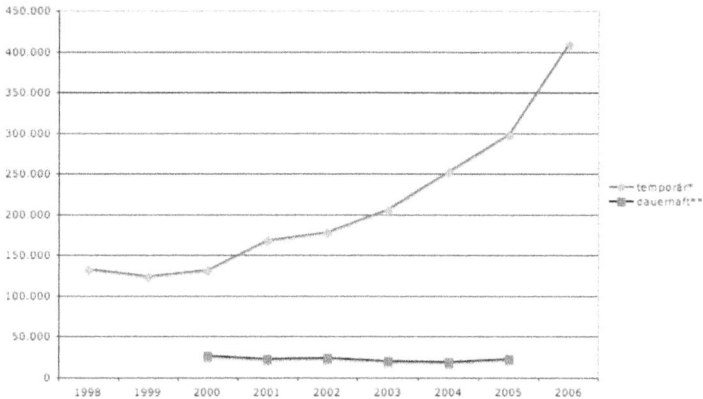

Daten des Labour Force Survey: Emigrationen > 2 Monate
** Daten des PESEL: Abmeldungen in Polen
Eigene Ausarbeitung; Datengrundlage: Kępińska (2006), Główny Urząd Statystyczny (2007a)

Polen ist das Land der EU-25 mit der höchsten Arbeitslosenrate. Zwar ist der Anteil der Arbeitslosen an der Gesamtbeschäftigung von 19,9% im Jahr 2002 auf 17,7% im Jahr 2005 und 13,8% im Jahr 2006 gesunken, jedoch liegt der EU-Durchschnitt (2006) bei 7,9% (vgl. Tabelle 1). Dass die Situation auf dem Arbeitsmarkt eine bedeutende Rolle im Hinblick auf Migrationsprozesse spielt, wird ersichtlich, wenn die Zahlen der Slowakei, Litauens und Sloweniens mit einbezogen werden. Litauen und die Slowakische Republik sind die beiden anderen Beitrittsländer, aus denen verstärkte Wanderungen zu verzeichnen sind (vgl. 4.2). Beide Länder hatten genau wie Polen insbesondere um die Jahrtausendwende mit hoher Arbeitslosigkeit zu kämpfen. Slowenien hingegen, das Land, aus dem so gut wie keine Reaktion auf die Arbeitsmarktöffnungen messbar war, zeichnet sich in der Gruppe der Neumitglieder durch konstant niedrige Arbeitslosenraten aus.

Tabelle 1: Arbeitslosigkeit in der EU in %

	1999	2000	2001	2002	2003	2004	2005	2006
EU-15	8,6	7,7	7,3	7,6	8,0	8,1	7,9	7,4
Deutschland	7,9	7,2	7,4	8,2	9,0	9,5	9,5	8,4
Vereinigtes Königreich	5,9	5,3	5,0	5,1	4,9	4,7	4,8	5,3
Irland	5,7	4,2	4,0	4,5	4,7	4,5	4,3	4,4
Schweden	6,7	5,6	4,9	4,9	5,6	6,3	7,8	7,0
EU-25	9,1	8,6	8,4	8,8	9,0	9,1	8,8	7,9
Polen	13,4	16,1	18,2	19,9	19,6	19,0	17,7	13,8
Slowakei	16,4	18,8	19,3	18,7	17,6	18,2	16,3	13,4
Lettland	14,0	13,7	12,9	12,2	10,5	10,4	8,9	6,8
Slowenien	7,3	6,7	6,2	6,3	6,7	6,3	6,5	6,0
Tschechische Republik	8,0	8,7	8,0	7,3	7,8	8,3	7,9	7,1
Litauen	13,7	16,4	16,5	13,5	12,4	11,4	8,3	5,6
Estland	11,3	12,8	12,4	10,3	10,0	9,7	7,9	5,9
Ungarn	7,0	6,4	5,7	5,8	5,9	6,1	7,2	7,5

Eigene Ausarbeitung; Datengrundlage: Eurostat

Polen scheint sich ökonomisch langsam in eine positive Richtung zu entwickeln. Trotzdem müssen die wirtschaftlichen Schwierigkeiten im Auge behalten werden, wenn über die hohe Arbeitsmigration aus Polen gesprochen wird. Betrug ihr Anteil an der Gesamtmigration 2003 schon 76%, wuchs er bis zum dritten Quartal des Jahres 2006 auf 92% an[193], wobei 2003 und 2004 95% aller Arbeitsmigranten nach Deutschland wanderten.[194] 2004 emigrierten 253.000 Polen aus Gründen der Arbeitsaufnahme in einem anderen Land, und im dritten Quartal 2005 wurde mit 320.000 Arbeitsemigranten die höchste Zahl seit 1994 erreicht.[195] Diese wurde im dritten Quartal 2006 mit 438.000 noch weit übertroffen.[196] Nach einer Schätzung des Warschauer Arbeitsministeriums leben derzeit etwa 2 der insgesamt 38 Mio. Polen außerhalb des Landes.[197] Hier kann die Aussage

---

[193] Vgl. Kępińska (2006): 1
[194] Statistisches Amt der Europäischen Gemeinschaften (Eurostat)
[195] Vgl. Kępińska (2005): 27
[196] Vgl. Kępińska (2006): 35
[197] Puhl (2007): 118

Iglickas, die Pendelmigration aus Zwecken der Arbeit habe seit 1945 zentrale Bedeutung für die Erklärung polnischer Migrationsprozesse (vgl. 4.3), wieder aufgegriffen werden. Zwar ist die Arbeitsmigration inzwischen international geprägt und beinhaltet in den wenigsten Fällen ein tägliches Pendeln zwischen Wohn- und Arbeitsort. Jedoch können die regionale Pendelmigration vor 1989 und die internationale Arbeitsmigration nach 1989 durch ihr gemeinsames Ziel der Lohnaufbesserung durchaus in Beziehung gesetzt und die heutige Arbeitsmigration als eine durch strukturelle und politische Veränderungen möglich gewordene Weiterentwicklung der Pendelmigration betrachtet werden.

Seit 2000 übersteigt der Anteil der unter einem Jahr dauernden Migration den der Langzeitmigration, und 2004 machte ersterer 60% aus (vgl. Diagramm 2).[198]

Diagramm 2: Temporäre Emigration aus Polen 1995 - 2006 (gerundet, in 1.000)

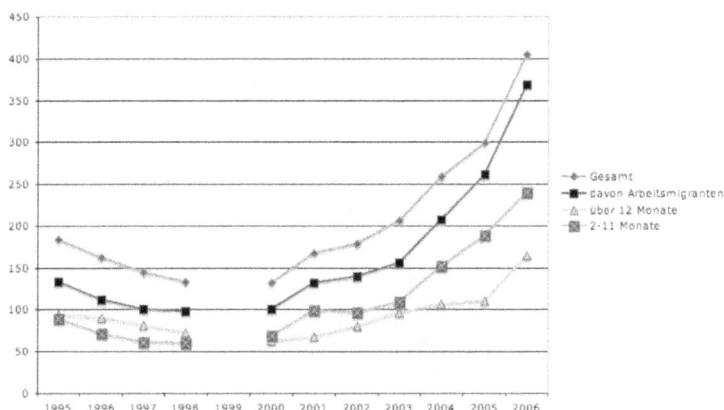

(1999 wurde die Erhebung des LFS kurzzeitig ausgesetzt.)
Eigene Ausarbeitung; Datengrundlage: Labour Force Survey (Kępińska 2006)

Die Dominanz permanenter Migration, wie sie zwischen 1945 und 1989 zu erkennen war, scheint sich ins Gegenteil verkehrt zu haben. Ein weiterer Hinweis hierfür ist die Tatsache, dass zwischen 2004 und 2006 nur 5% aller Migranten mit ihren Angehörigen einreisten.[199] Seit 2005 zeichnet sich ab, dass langfristige Migration wieder an Bedeutung gewinnt, da der Anteil der kurzzeitigen Migration von 2005 bis 2006 von 64% auf 58% fiel.[200]

---

[198] Vgl. Kępińska (2005): 28
[199] Vgl. Fihel et al. (2006): 39
[200] Vgl. Kępińska (2006): 36

Allerdings wird dies mit der polnischen Regelung der Doppelbesteuerung in Zusammenhang gebracht. Diese verpflichtete alle polnischen Arbeitsmigranten, sowohl im Zielland als auch in Polen Steuern abzuführen. So mag sie viele Migranten dazu veranlasst haben, sich offiziell in Polen abzumelden. Wegen der unerwartet großen Wanderungswelle nach Großbritannien hat die polnische Regierung Sorge geäußert, aufgrund des Vertrages könnten viele Polen, die außer Landes wichtige Qualifikationen erwerben, jegliche Verbindungen zu ihrem Heimatland abbrechen und dauerhaft in Großbritannien bleiben.[201] Am 01. Januar 2007 ist deshalb ein neuer Vertrag zwischen Polen und Großbritannien zur Abschaffung der Doppelbesteuerung in Kraft getreten.[202] Es ist von daher zu vermuten, dass der Anteil der kurzzeitigen Migration wieder zunehmen wird. Diese Annahme wird durch die Ergebnisse einer 2006 durchgeführten Umfrage eines polnischen Meinungsforschungsinstituts bestätigt: Mit 39% der Befragten gab die Mehrheit als bevorzugten Zeitrahmen der Arbeitsmigration innerhalb der EU sechs Monate bis zwei Jahre an (2005: 28%), gefolgt von 20% dauerhafter Migration (2005: 17%). Der Anteil von Personen, die weniger als sechs Monate in einem anderen Land arbeiten wollten, fiel von 16% im Vorjahr auf 8%. 11% ziehen transnationales Pendeln aus Arbeitszwecken dem Wohnen in einem anderen Land vor (2005: 12%).[203] Des Weiteren geht aus der Umfrage hervor, dass der Großteil derjenigen Polen, die zum Zeitpunkt der EU-Erweiterung eine Migration planten, diese bereits realisiert hat. 2006 wurde die Frage nach einer möglichen Auswanderung in ein anderes EU-Land von bedeutend weniger Menschen bejaht als 2004 oder 2005. Auch ist die Zahl der Rückkehrmigranten von 2005 bis 2006 gestiegen.[204] An dieser Stelle tritt eine Übereinstimmung mit der Transformationszeit auf. In der Zeit von 1989 bis 2002 war die Bruttozuwanderung von Osteuropäern nach Deutschland fünfmal so hoch wie die Nettowanderung. Das Migrationsverhalten war also schon damals durch hohe Zu- und Abwanderungen gekennzeichnet.[205]

Zu den bis zu diesem Punkt betrachteten Wanderungsbewegungen kommen diejenigen hinzu, die einen Zeitrahmen von bis zu zwei Monaten haben. Diese werden vom Labour Force Survey nicht registriert. Ihnen wird jedoch gerade im Bereich der Saisonarbeit große Bedeutung zugeschrieben, da die durchschnittliche Arbeitszeit eines Saisonarbeiters acht Wochen beträgt und die Saisonarbeiter den größten Anteil unter den Ar-

---

[201] Vgl. Internetportal EurActiv (b)
[202] Vgl. Skwirowski (2006)
[203] Vgl. Roguska (2006): 9
[204] Vgl. ebd.: 4ff.
[205] Vgl. Dietz (2004): 43

beitsmigranten aus Polen ausmachen.[206] Es wird geschätzt, dass zu den Zahlen des LFS etwa 300.000 bis 350.000 jährlich hinzu addiert werden müssen, die sich auf bilaterale Arbeitsverhältnisse von einer Dauer unter zwei Monaten beziehen.[207] In Deutschland als dem Hauptland der Saison-arbeit wuchs die Zahl der Saisonarbeiter von 271.900 im Jahr 2003 auf 286.600 im Jahr 2004 und fiel 2005 auf 272.760. Im ersten Quartal 2006 zeichnete sich ein weiterer Rückgang ab. Diese Entwicklung wird u.a. auf die neue deutsche Gesetzgebung zurückgeführt, dass deutsche Arbeitslo-se 10% der Saisonarbeitskräfte stellen sollen.[208] Die Erfahrung deutscher Landwirte jedoch, dass es von Jahr zu Jahr schwieriger wird, Arbeitskräfte aus Mittel- und Osteuropa zu gewinnen, spricht dafür, dass die Bedeu-tung Deutschlands als Zielland für polnische Saisonarbeitskräfte auch un-abhängig von den deutschen Gesetzen abnimmt.[209] Auch Spanien gilt seit 2002 als bedeutendes Saisonarbeitsland.[210] Es ist also erkennbar, dass die Übergangsbeschränkungen der Arbeitsmärkte keine Stagnation der Mig-ration zur Folge haben. Viele der kurzzeitigen Arbeitsverhältnisse werden wie seit Beginn der 1990er Jahre weiterhin branchenspezifisch über bila-terale Verträge geregelt.

4.4.2 Alters- und Geschlechtsstruktur

Die seit 1994 erkennbare Tendenz, dass mehr Männer aus Polen emigrie-ren als Frauen (vgl. 4.3), hat sich nach der Osterweiterung fortgesetzt und verstärkt. Während der Frauenanteil unter den Emigranten 2004 48,5% betrug, sank er 2005 auf 46,6%.[211] Seit einigen Jahren sinkt der Anteil junger Migranten unter 20 Jahren, während der derjenigen zwischen 20 und 49 Jahren stetig zunimmt. Waren 1998 noch 34,7% der männlichen und 19,7% der weiblichen Migranten unter 20 Jahre alt, so sank ihr Anteil auf 24,2% (13,4%) im Jahr 2005 (vgl. Tabelle 2). Der Anteil der 20- bis 49jährigen hingegen macht inzwischen den Hauptteil aus. Der Anteil über 50jähriger Migranten stieg von 1999 auf 2000 sprunghaft an. Dies kann mit der hohen Zahl Langzeitarbeitsloser in Polen zusammenhängen.[212] Seit 2000 ist in der EU jedoch die Erwerbstätigkeitsquote älterer Men-schen (55-64 Jahre) stark gestiegen, während die der jungen Menschen

---

[206] Vgl. Kępińska (2004): 30, Fihel et al. (2006): 39
[207] Vgl. Fihel et al. (2006): 38
[208] Vgl. Kępińska (2006): 34
[209] Vgl. Astheimer (2007)
[210] Vgl. Kępińska (2004): 29
[211] Vgl. Kępińska (2006): 11
[212] Europäische Kommission (2006): 36

(15-24 Jahre) gesunken ist.[213] So lag der Anteil älterer Menschen unter den Migranten 2005 ähnlich wie 1998 wieder bei 13,9% (17,6%).[214] Wie aus diesen Zahlen ersichtlich ist, sind polnische Migrantinnen älter als polnische Migranten. Interessant ist weiterhin, dass Kurzzeitmigranten generell jünger sind als Langzeitmigranten.[215] Wie aus einer Eurobarometer-Umfrage aus dem Jahr 2006 ersichtlich ist, steigt die Migrationsbereitschaft von Menschen aus Polen und dem Baltikum (d.h. den neuen Mitgliedstaaten mit hoher Mobilität) bis zum fünfunddreißigsten Lebensjahr an und sinkt dann rasant ab. Die mobilste Altersgruppe ist somit die zwischen 25 und 34 Jahren.[216]

Tabelle 2: Durchschnittliche Altersverteilung der polnischen Emigranten in %

Geschlecht	1998	1999	2000	2001	2002	2003	2004	2005
0 – 20 J.								
M	34,7	33,9	30,8	34,2	32,7	31,1	28,9	24,2
W	19,7	18,9	17,8	16,9	16,8	16,4	15,1	13,4
20 – 49 J.								
M	52,2	51,6	51,1	49,7	50,9	52,9	55,6	61,9
W	62,6	61,4	60,7	62,8	63,8	64,2	66,7	69,0
+ 50 J.								
M	13,0	14,6	19,2	16,1	16,4	16,0	15,5	13,9
W	17,7	19,7	21,5	20,3	19,4	19,4	18,2	17,6

Eigene Ausarbeitung angelehnt an Kępińska (2006)

Nachdem seit 2000 eine wachsende Anzahl an ledigen Migranten verzeichnet worden war, ist die Zahl verheirateter Migranten seit dem EU-Beitritt Polens wieder stark gestiegen. Unter den Frauen betrugen 2004 sowohl der Anteil Verheirateter als auch der Unverheirateter etwa 46%. Unter den Männern gab es mehr Ledige (60,6%) als Verheiratete, jedoch verändern sich auch bei ihnen die Verhältnisse: im Jahr 2005 betrug der Anteil der Unverheirateten nur noch 56%.[217]

---

[213] Ebd.: 38
[214] Vgl. Kępińska (2006): 14
[215] Vgl. Kępińska (2005): 30
[216] Vgl. Krieger/Fernandez (2006): 13
[217] Vgl. Kępińska (2006): 15

4.4.3 Ausbildungsniveau

In Bezug auf das Ausbildungsniveau sind deutliche Veränderungen seit dem EU-Beitritt festzustellen. Wie in Abschnitt 4.3 beschrieben, war der typische polnische Emigrant der 1980er Jahre männlich, jung und gut ausgebildet, wohingegen während der Transformationszeit eher ältere und schlecht ausgebildete Menschen aus Polen auswanderten. 1988 hatten 11,7% der männlichen und 6,2% der weiblichen Migranten einen Universitäts- und 23,6% (30,0%) einen Grundschulabschluss. 1996 hingegen sank der Anteil der post-sekundär gebildeten Migranten auf 2,1% (1,7%), und der derjenigen mit nur elementarer Ausbildung stieg auf 52,9% (53,8%). Dieser Trend setzte sich weiter fort bis zum Jahr 2002, in dem 27,1% (14,4%) einen Grundschul- und nur 1,0% (1,0%) einen Universitätsabschluss vorweisen konnten und bei dem verbleibenden Teil der Bildungshintergrund ungeklärt blieb.[218] Seit 2003 ist ein Aufwärtstrend festzustellen. Die Zahl der Migranten mit Universitätsabschluss verdoppelte sich zunächst auf 2% und 2004 wiederum auf 4% und stieg 2005 auf fast 10%. Gleichzeitig fiel der Anteil der Migranten mit Grundschulausbildung auf 17% (20% 2004).[219] Interessant ist, dass Kurzzeitmigranten nicht nur in der Regel jünger (vgl. 4.4.2), sondern auch besser ausgebildet sind als Langzeitmigranten. Diese Tendenz ist am stärksten unter den Arbeitsmigranten erkennbar. 2004 hatten 60% aller Migranten, die sich zu Arbeitszwecken und unter einem Jahr in einem anderen Land aufhielten, mindestens einen Sekundarabschluss, unter den Langzeitmigranten waren es 48%.[220]

Die hier ausgewerteten Zahlen zeigen ein deutlich steigendes Bildungsniveau der polnischen Migranten über die Zeit seit dem EU-Beitritt Polens. Hier liegt ein klarer Unterschied zur Transformationszeit. Auch wenn darauf hingewiesen werden muss, dass die Daten lange Zeit sehr unzureichend waren und von daher nicht gesichert ist, dass eine Vergleichbarkeit zu 100% gegeben ist,[221] scheint sich das Bildungsniveau der heutigen Migranten dem der 1980er Jahre wieder stark anzunähern. Aus der Eurobarometer-Umfrage 2005 geht hervor, dass die hoch qualifizierten Menschen aus den neuen Mitgliedstaaten mit hoher Mobilität unter allen EU-Bürgern die höchste Migrationsbereitschaft haben (vgl. Diagramm 3). Diese steigt deutlich proportional zum Bildungsniveau: je höher die Bil-

---

[218] Vgl. Kępińska (2003): 12
[219] Vgl. Kępińska (2006): 15
[220] Vgl. Kępińska (2005): 30
[221] Vgl. Kępińska (2006): 15

dung, desto höher die Wahrscheinlichkeit der Auswanderung.[222] Dies hängt auch damit zusammen, dass viele junge Polen direkt nach dem Universitätsabschluss keine Anstellung finden. Zwar ist die Arbeitslosigkeit unter Berufsschulabsolventen am höchsten (45,3% im vierten Quartal 2006), jedoch liegt sie mit 19,8% auch unter den Universitätsabsolventen auf einem sehr hohen Niveau.[223] Zum Vergleich: In Deutschland betrug sie 2004 etwa 5%.[224]

Diagramm 3: Bildungshintergrund von Menschen mit Migrationsabsichten in Polen (2005)

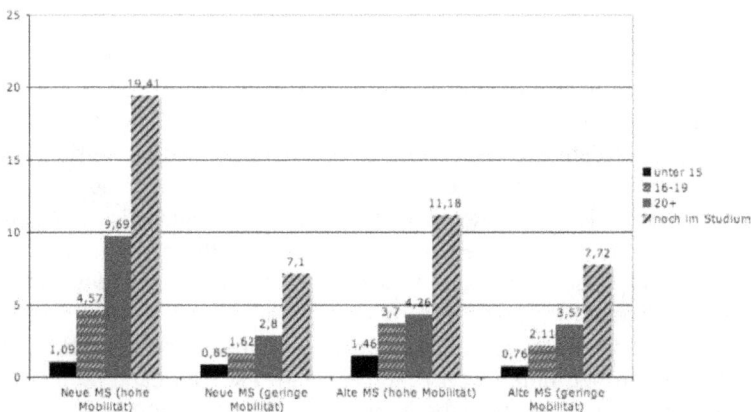

Eigene Ausarbeitung auf der Grundlage von Krieger/Fernandez (2006)

Unter Einbeziehung der hier betrachteten Daten und der oben beschriebenen Altersstruktur kann festgehalten werden, dass die Migration aus Polen nach 2004 von den wirtschaftlich wichtigsten Schichten getragen wird: jungen und gut ausgebildeten Menschen.

4.4.4 Zielländer der Migration

Über die letzten Jahre hinweg wanderten konstant etwa 80% aller polnischen Emigranten in Länder der EU-15.[225] Trotzdem standen die USA und

---

[222] Vgl. Krieger/Fernandez (2006): 12f.
[223] Główny Urząd Statystyczny (2007b): 14
[224] Bundesministerium für Bildung und Forschung (2004)
[225] Vgl. Kępińska (2006): 12

51

Kanada hinter Deutschland bis 2004 an zweiter und dritter Stelle der bedeutendsten Zielländer.[226]

Im Jahr der Osterweiterung 2004 fiel der Anteil der polnischen permanenten Migration nach Deutschland auf 67% (72% 2003) und damit auf den niedrigsten Stand seit Beginn der 1990er Jahre, dem Zeitpunkt, seitdem Deutschland das wichtigste Zielland für polnische Migranten dargestellt hatte.[227] Während die Bundesrepublik ihre führende Position in Bezug auf dauerhafte Migration aber trotz der rückläufigen Zahlen bis heute beibehalten hat (55% 2006)[228], wurde sie in Bezug auf temporäre (i.d.R. Arbeits-) Migration im dritten Quartal des Jahres 2005 vom Vereinigten Königreich überholt. Waren über das ganze Jahr 2005 verteilt noch 25% der polnischen temporären Migranten nach Deutschland und 20% ins Vereinigte Königreich gegangen, so kehrte sich dieses Verhältnis 2006 mit 20% (Deutschland) und 31% (Vereinigtes Königreich) um. Irland, das bis 2003 für weniger als 1% polnischer Migranten zum Zielland wurde, erreichte 2004 3%, 2005 6% und 2006 7% und stand damit hinsichtlich temporärer Migration an sechster Stelle nach dem Vereinigten Königreich, Deutschland, den USA, Kanada und Italien (vgl. Tabelle 3).

Tabelle 3: Zielländer temporärer Emigration aus Polen 2000-2006 in %

	2000	2001	2002	2003	2004	2005	2006
Gesamt	100	100	100	100	100	100	100
Vereinigtes Königreich	4	7	7	9	11	20	31
Deutschland	35	37	34	31	29	25	20
USA	19	23	19	20	19	11	11
Italien	6	8	14	13	11	12	8
Irland	0	0	0	0	3	6	7
Spanien	0	2	3	4	4	5	3

Eigene Ausarbeitung angelehnt an Kępińska (2006)

Irland verzeichnete von 2003 auf 2004 einen Zuwachs von 1.000 auf 6.000 Arbeitsmigranten. Das Vereinigte Königreich registrierte um 40% höhere Zahlen. Zwar stieg auch die Zahl der Arbeitsmigranten nach Deutschland im zweiten Quartal 2004 um 18% gegenüber dem Vorjahreszeitraum, je-

---

[226] Vgl. ebd.: 11
[227] Vgl. Kępińska (2005): 11
[228] Vgl. Kępińska (2006): 11

doch ist dies auf die insgesamt steigenden Auswandererzahlen aus Polen zurückzuführen. Fast alle Zielländer erlebten stärkere Zuwanderung aus Polen, oftmals höhere als Deutschland, so das der deutsche Anteil an der Gesamtmigration sank.

Trotz der bedeutenden Reaktionen auf die Arbeitsmarktöffnungen alter EU-Länder machten die Migrationen in das Vereinigte Königreich, nach Irland und Schweden 2004 zusammengenommen nur 16% der Gesamtmigration aus Polen aus. Dies ist drauf zurückzuführen, dass auch EU-15-Länder, die ihre Arbeitsmärkte nicht geöffnet hatten, hohe Zuwächse verbuchten: in Österreich stieg die Einwanderung polnischer Arbeitsmigranten 2004 um 150% gegenüber 2003, in Frankreich um 71%, und in Spanien um 40%.[229] Die Öffnung der Märkte im Vereinigten Königreich, Irland und Schweden können also nicht allein für die steigenden Migrationszahlen aus Polen verantwortlich gemacht werden.[230] Auch wird durch die Auswertung der Zahlen ersichtlich, dass die Übergangsbeschränkungen der Arbeitsmärkte die alten Migrationsstrukturen nicht aufgehoben haben. Obwohl Deutschland seine führende Position im Hinblick auf die temporäre Migration verloren hat, stellt es weiterhin ein bedeutendes Zielland für polnische Migranten dar.[231] Auch Frankreich, Spanien und Österreich sind wichtige Zielländer mit wachsenden Zuwanderungszahlen seit 2004. Die Migration in diese Länder unterlag zumindest bis 2006, als die Beschränkungen teilweise aufgehoben wurden, denselben Bedingungen wie vor 2004. Es kann vermutet werden, dass sie zu großen Teilen eine Weiterführung der in den 1990er Jahren aufgebauten Migrationsstrukturen darstellt und auf Arbeitsmarkterfordernisse in den Zielländern zurückgeht. Die alten Charakteristika bestehen weiter: die Wanderungen sind zum größten Teil kurzzeitig und ökonomisch motiviert, zum Teil konnten Netzwerke etabliert werden, die weitere Migrationen erleichtern, und die Saisonarbeit macht einen großen Anteil der Migrationen aus. Auch ist die Arbeit ist oft illegal und funktioniert unter dem Deckmantel von dreimonatigen Touristenvisa. Die illegalen Arbeitsverhältnisse schließen oft an legale kurzzeitige Arbeit an. Die Migranten, die in diese lang bestehenden Zielländer wandern, sind in der Regel fortgeschrittenen Alters und nicht besonders gut ausgebildet und stammen aus peripheren ärmlichen Regionen in Polen.[232]

---

[229] Vgl. Kępińska (2004): 31
[230] Vgl. Kępińska (2004): 30f.
[231] Vgl. Kępińska (2006): 37
[232] Vgl. Kępińska (2005): 27

Betrachtet man diese Formen der Auswanderung aus Polen, entsteht der Eindruck, durch die Osterweiterung seien außer einer Verstärkung der Wanderungsprozesse keine bedeutenden Veränderungen eingetreten. Jedoch besteht seit 2004 ein zweiter Strang der Emigration aus Polen, der direkt auf die EU-Mitgliedschaft bezogen ist. Dieser betrifft die Wanderungsprozesse ins Vereinigte Königreich und nach Irland. Wie bereits beschrieben, verzeichnen beide Länder seit 2004 von Jahr zu Jahr mehr Arbeitseinwanderer. In beiden Ländern stellen die Polen unter diesen die größte Gruppe. Die Zahl der polnischen Migranten wuchs 2005 um 388% (Irland) bzw. 466% (Vereinigtes Königreich) im Vergleich zum Vorjahreszeitraum. Die Öffnung der Märkte dieser Länder scheint die Richtung der Wanderungen aus Polen beeinflusst zu haben, auch wenn die Wanderungen in neuere Zielländer die bereits zuvor etablierten Migrationsströme nicht ersetzen (s.o.). Die geographische Entfernung zwischen Großbritannien bzw. Irland und Polen scheint kein Hindernis für Migration darzustellen. Schweden allerdings spielt eine weit geringere Rolle als Zielland polnischer Migration. Zwar sind auch hier höhere Zahlen festzustellen, diese stehen jedoch in keinem Vergleich zu denen der anderen zwei betrachteten Ländern, und sie liegen auch weit unter denen anderer EU-Staaten, so dass Schweden in der Liste der bedeutendsten Zielländer nicht auftaucht. Dies zeigt, dass die Tatsache der offenen Märkte an sich nicht ausreicht, um die Migrationsströme zu beeinflussen, sondern dass die Situation in den Zielländern eine entscheidende Rolle spielt.

Interessant ist in diesem Zusammenhang ein Blick auf die Charakteristika der Migranten, die das Vereinigte Königreich bzw. Irland als Zielland wählen. Sie sind jünger als die Migranten vor 2004, verfügen über eine bessere Ausbildung und stammen in der Regel aus städtischen Zentren in Polen. Unter ihnen befinden sich viele Studenten und Hochschulabsolventen kurz nach ihrem Abschluss. Wie Kępińska betont, bieten die neuen Märkte in Irland und dem Vereinigten Königreich die Möglichkeit legal zu arbeiten und die erworbenen Qualifikationen zu nutzen: „the opportunity to take up jobs in line with one's skills and qualifications is a major innovation." Die vor der Osterweiterung sehr begrenzte Option *legaler* Arbeitsmigration erhöht die Attraktivität der Auswanderung, reduziert die häufig mit illegaler Migration verbundene soziale Marginalisierung und vergrößert die Zahl potentieller Migranten aus Polen. Jedoch weist Kępińska darauf hin, dass die Zahl derjenigen Migranten, die es geschafft haben, ein illegales Arbeitsverhältnis gegen ein legales auszutauschen, schwer messbar ist.[233]

---

[233] Vgl. Kępińska (2005): 26

Großbritannien, das seit der Kolonialzeit als Einwanderungsland gilt[234], scheint wie kein zweites Zielland attraktiv für hoch qualifizierte Migranten aus Polen zu sein.[235] Unter allen EU-8-Migranten stellen die Polen die größte Gruppe dar. 2005 wanderten etwa 49.900 von ihnen ins Vereinigte Königreich. Ihr Anteil an allen dauerhaften Migranten wuchs somit von noch 35% im Jahr 2004 auf über 70%.[236] Gefolgt wurden sie von Litauern (11%) und Slowaken (10%). Während die Arbeitsmigration aus der Tschechischen Republik, Litauen, Estland und Lettland 2006 um mehr als 25% zurückgingen[237], stieg die aus Polen weiter an. Zwischen Mai 2004 und Dezember 2006 registrierten sich 347.010 polnische Arbeitsmigranten im britischen *Workers Registration Scheme*.[238] Allerdings ist die Dauer des Arbeitsverhältnisses anhand dieser Zahlen nicht ersichtlich, so dass einige der registrierten Personen evtl. sowohl in den Statistiken der Langzeit- als auch der Kurzzeitmigranten auftauchen. Dennoch zeigen die Zahlen die Schwierigkeit und Unverlässlichkeit von Migrationsvorhersagen: vor der Osterweiterung war das Migrationspotential aus allen Beitrittsländern nach Großbritannien auf jährlich nur etwa 5.000-13.000 geschätzt worden.[239] Die Polen sind unter den EU-8-Migranten diejenigen, die im Vereinigten Königreich am häufigsten qualifizierte Arbeitsstellen finden.[240] Knapp die Hälfte von ihnen arbeitet im Bereich von Management und Business Administration, während sich die andere Hälfte auf Arbeit in den Bereichen (in Reihenfolge der Häufigkeit) Hauswirtschaft und Catering, Landwirtschaft, verarbeitende Industrie und Lebensmittelproduktion aufteilt. Auf alle Herkunftsländer der EU-8 ausgedehnt, arbeitet hingegen die große Mehrheit der Migranten in unqualifizierten Berufen.[241] Interessant ist weiterhin, dass überdurchschnittlich viele hoch qualifizierte Migranten nach Großbritannien, und überdurchschnittlich viele gering qualifizierte Migranten nach Deutschland wandern.[242] Dies lässt den Schluss zu, dass das steigende Bildungsniveau durchaus mit der Osterweiterung und den neuen Möglichkeiten, die sie bietet, zu begründen ist. Allerdings weisen Fihel et al. darauf hin, dass die relativ gute Ausbildung der polnischen Arbeitsmigranten darüber hinwegtäuschen könnte, dass

---

[234] Vgl. Bröll (2006a)
[235] Vgl. Fihel et al. (2006): 30
[236] National Statistics London (2006): 5
[237] Vgl. United Kingdom Border and Immigration Agency (2007): 8
[238] Vgl. ebd.: 23
[239] Vgl. Fihel et al. (2006): 39
[240] Vgl. ebd.: 30
[241] United Kingdom Border and Immigration Agency (2007): 22
[242] Vgl. Fihel et al. (2006): 38

viele von ihnen unterhalb ihrer Qualifikation und in simplen Tätigkeiten eingesetzt werden:

„Regardless of the fact that Polish migrants are, at least to some extent, positively selected with regard to the human capital, they are concentrated predominantly in the secondary sectors of receiving economies and taking jobs in „typical" migrant sectors."[243]

Die grobe Sparteneinteilung anstelle von Angaben genauer Berufsbezeichnungen kann über die wirkliche Tätigkeit und den Anspruch des Einsatzbereichs hinwegtäuschen. Trotzdem kann in Bezug auf das Vereinigte Königreich festgehalten werden, dass polnische Migranten dort höhere Chancen auf qualifizierte Arbeit zu haben scheinen als in vielen anderen Zielländern.

Dies gilt auch für *Irland*, das bis in die 1990er Jahre hinein ein klassisches Auswanderungsland war. 1990 setzte ein wirtschaftlicher Aufholprozess ein, verbunden mit einer Öffnung der Arbeitsmärkte für Arbeitsmigranten im Jahr 2001. Auf die Bevölkerung gerechnet ist der Zustrom von Arbeitsmigranten aus Mittel- und Osteuropa inzwischen in keinem Land so groß wie in Irland, und die Immigration übersteigt die Emigration.[244] Polen und Irland sind durch keinerlei historische Wanderungstradition miteinander verbunden.[245] Der Anteil der polnischen an allen Arbeitsmigranten stieg von 27% 2001 auf 47% 2004 und 57% 2005.[246] Arbeitsmigration nach Irland wird seit 2004 anhand der Vergabe von *Personal Public Service*-Nummern (*PPS*-Nummern) gemessen. Sie ist vergleichbar mit dem *Workers Registration Scheme* in Großbritannien. Im Zeitraum Mai 2004 bis Februar 2007 wurden in Irland insgesamt 327.303 PPS-Nummern an Bürger aus den neuen Mitgliedstaaten ausgegeben, 195.740 davon an Polen. Interessant ist ein Vergleich mit Bürgern aus der EU-15 (ohne Irland), an die nur 54.625 PPS-Nummern verteilt wurden - dies kann als Beleg für die geringe Arbeitsmigration innerhalb der EU-15 gelten (vgl. 3.2). 2006 wurden mit 90.000 noch einmal 25.000 mehr Nummern ausgegeben als im Jahr zuvor – ein Hinweis darauf, dass die ‚Emigrationswelle' nach Irland noch nicht beendet ist.[247] Anders als in Großbritannien können in Irland

---

[243] Ebd.: 41
[244] Bröll (2006b)
[245] Vgl. Grabowska (2003): 35
[246] Vgl. Fihel et al. (2006): 30f.
[247] Vgl. Pszczółkowska (2007)

nicht nur die Polen, sondern Migranten aus allen Beitrittsländern des Jahres 2004 Arbeit auch in qualifizierten Bereichen finden. Laut polnischen Quellen ist das Verhältnis zwischen qualifizierter und unqualifizierter Arbeit ungefähr ausgeglichen.[248] Jedoch wird in irischen Quellen von nur 3% hoch qualifizierter Arbeit für Migranten aus der EU-10 gesprochen. Die Mehrheit sei in unqualifizierten oder semi-qualifizierten Bereichen angestellt.[249] Eine Studie von Izabela Grabowska aus dem Jahr 2003 bestätigt die Tendenz, dass hoch qualifizierte Arbeitskräfte aus Polen in Irland in der Regel in schlecht bezahlten und höchstens semi-qualifizierten Bereichen eine Anstellung finden.[250] Sie spricht von einem Prozess der Dequalifizierung.[251] Zwar ist das Bildungsniveau der polnischen Migranten seit 2003 noch einmal deutlich gestiegen (vgl. 4.4.3), so dass Veränderungsprozesse möglich sind, jedoch kann vermutet werden, dass die höhere Qualifizierung der Zuwanderer ähnlich wie im Vereinigten Königreich nicht automatisch mit höher qualifizierten Anstellungsverhältnissen einhergehen.

Wie schon gesagt ist *Schweden*, obwohl es das dritte Land ist, das seine Märkte sofort für alle neuen Mitgliedstaaten öffnete, mit Großbritannien und Irland nicht vergleichbar. Ein Rückgang der Migration nach Schweden im zweiten Quartal 2006 und ein darauf folgender Anstieg im dritten Quartal desselben Jahres lassen vermuten, dass Wanderungen nach Schweden durch Saisonarbeit dominiert werden. Das Land scheint demnach keine Möglichkeiten höher qualifizierter Arbeit zu bieten und kann so trotz offener Arbeitsmärkte für die EU-8 eher in die Gruppe der zuvor beschriebenen Länder eingeordnet werden, in denen schon länger bestehende Migrationsstrukturen die Wanderungsströme unabhängig von institutionellen Gegebenheiten aufrechterhalten.[252]

In diese Gruppe ist auch *Deutschland* einzuordnen. Zwar hat es die Führungsposition als Zielland polnischer temporärer Migration an das Vereinigte Königreich abgegeben und verzeichnet sinkende Zahlen im Hinblick auf Saisonarbeiter, jedoch ist die Zahl der Polen, die jedes Jahr in Deutschland kurzzeitigen Beschäftigungen nachgehen, immer noch sehr hoch. Neben der *Saisonarbeit* hat die Bundesregierung zu Beginn der 1990er Jahre drei weitere Möglichkeiten der Zuwanderung im Rahmen bilateraler Verträge geschaffen. *Gastarbeitnehmer* dürfen maximal 18 Monate in Deutschland arbeiten. Es handelt sich bei ihnen um ausländi-

---

[248] Vgl. Fihel et al. (2006): 31
[249] Immigrant Council of Ireland (2005)
[250] Vgl. Grabowska (2003): 33ff.
[251] Vgl. ebd.: 29
[252] Vgl. Kępińska (2005): 28

sche Fachkräfte, deren Ziel die Erweiterung sprachlicher und beruflicher Kenntnisse ist. Pendelt ein polnischer Arbeitnehmer täglich zwischen seinem Wohnort in Polen und einer Arbeitsstelle in Deutschland, oder arbeitet er höchstens zwei Tage pro Woche unter deutschen Bedingungen in der Bundesrepublik, kann ihm eine Arbeitserlaubnis im Rahmen der *Grenzarbeitnehmerverträge* erteilt werden. Weder die Gastarbeits- noch die Grenzarbeitsverträge haben zu bedeutender Zuwanderung geführt. Nach der Saisonarbeit ist die *Werkvertragsarbeit* von größter Bedeutung. Werkvertragsarbeiter sind als Angestellte ausländischer (in diesem Fall polnischer) Firmen weiterhin über diese versichert und können im Rahmen von Firmenkooperationen bis zu zwei Jahren in Deutschland arbeiten.[253] Während jedoch die Saisonarbeit nach der Osterweiterung zunächst noch an Bedeutung gewonnen hat, ist die Zahl der abgeschlossenen Werkarbeitsverträge zwischen Deutschland und Polen von 21.797 im Jahr 2001 auf 10.049 im Jahr 2005 erheblich gesunken.[254]

Diese Entwicklung zeigt, dass geographische Nähe kein Garant für polnische Wanderungen ist, genau wie die starken Migrationsströme nach Großbritannien und Irland zeigen, dass sie keine Grundvoraussetzung für Migration darstellt. Seitdem auch andere EU-Länder polnischen Arbeitnehmern die Möglichkeit legaler Arbeit bieten, wird diese genutzt. Anhand der sich neu entwickelnden Migrationsströme seit 2004 wird deutlich, dass die Möglichkeit *legaler* und *qualifizierter* Arbeit einen bedeutenden Migrationsanreiz für potentielle polnische Migranten darstellt. Die Zahl der so genannten ‚falschen Touristen' (siehe 4.3) ist seit 2004 rückläufig.[255] Umfrageergebnisse eines polnischen Meinungsforschungsinstitutes zeigen, dass die Zahl legal angestellter Polen im Ausland von 67% im März 2005 auf 80% im Dezember 2006 gestiegen ist.[256] 58% der im Jahr 2006 Befragten, die eine Migration planen, sind ausschließlich an legaler Arbeit interessiert (2005: 47%).[257] Auch die Gehaltsvorstellungen der Polen haben sich verändert. Während 2004 52% aller Befragten für unter 3.000 bis 4.999 PLN[258] im Ausland gearbeitet hätten, sank dieser Anteil 2006 auf 42%. Mehr als die Hälfte (51%) erwartet ein Gehalt von über 5.000 PLN (2004: 45%). Der Anteil derer, die für unter 3.000 PLN arbeiten würden, sank von 17% 2004 auf 11% 2006, allerdings sank auch der Pro-

---

[253] Vgl. Dietz (2004): 42f.
[254] Vgl. Bundesamt für Migration und Flüchtlinge (2005b): 74
[255] Vgl. Fihel et al. (2006): 46
[256] Vgl. Roguska (2006): 3
[257] Vgl. ebd.: 10f.
[258] 1 Euro entspricht 3,83 polnischen Złoty (3,83 PLN); Stand: 13.04.2007

zentsatz derer, die mehr als 7.000 PLN erwarten, von 20% auf 18%.[259] Der Mindestlohn in Großbritannien beträgt umgerechnet mehr als 8 Euro und damit mehr als das Doppelte des ostdeutschen Tariflohns.[260] Mindestlöhne existieren in Deutschland und Schweden im Gegensatz zu Großbritannien und Irland nicht. Der polnische Mindestlohn hingegen beträgt weniger als ein Fünftel des irischen bzw. britischen (vgl. Tabelle 4).

Tabelle 4: Mindestlöhne in ausgewählten EU-Ländern (in €)

	2005	2006
Polen	205,0	233,5
Slowakei	167,0	183,2
Slowenien	490,0	511,9
Irland	1183,0	1293,0
Vereinigtes Königreich	1197,0	1269,0
Schweden	-	-
Deutschland	-	-

Eigene Ausarbeitung; Datengrundlage: Eurostat

Es wird spannend sein zu beobachten, wie sich die Migrationsbeziehungen zwischen Polen und Deutschland nach Aufhebung der Übergangsbeschränkungen im Jahr 2011 entwickeln. Der Grund für die Abschottung des Arbeitsmarktes waren, um dies noch einmal in Erinnerung zu rufen, vor allem deutsche und österreichische Ängste vor billigen Arbeitskräften. Bedarf an unqualifizierten Arbeitskräften ist in Deutschland durchaus vorhanden; dies wird an der kontinuierlich hohen Zahl von Saisonarbeitsverträgen deutlich. Dass in Polen migrationsbereite qualifizierte Arbeitnehmer leben, zeigt sich an der Erfahrung Großbritanniens und Irlands – die Arbeitsmärkte profitieren von den Migranten und erleben sie nicht als Konkurrenz, sondern als Ergänzung zur eigenen nationalen Arbeitskraft. Das Wirtschaftswachstum in beiden Ländern wird vor allem auf die neue Arbeitsmigration zurückgeführt.[261] Vor der Osterweiterung kamen verschiedene Studien zu dem Ergebnis, dass sich 60% aller Ost-West-Migranten in Deutschland niederlassen würden.[262] Polnische Umfragen

---

[259] Vgl. Roguska (2006): 10
[260] Vgl. Astheimer (2007)
[261] Vgl. Puhl (2007): 120
[262] Vgl. Dietz (2004): 47

belegen, dass in den ersten Monaten nach der Erweiterung der größte Teil der Arbeitsmigranten nach Deutschland gewandert ist, wohingegen inzwischen eindeutig Großbritannien das führende Zielland darstellt.[263] Vieles deutet darauf hin, dass sich die „gewachsenen Bindungen zwischen deutschen Bauern- und Winzerfamilien auf der einen und polnischen Erntehelferclans auf der anderen Seite" aufzulösen beginnen. Unter anderem mache sich dies nach Angaben von Landwirten dadurch bemerkbar, dass „die Zahl der Absagen merklich gestiegen"[264] sei. Interessant ist in diesem Zusammenhang, dass bis 2004 über 60% aller dauerhaften polnischen Migranten aus den drei polnischen Wojewodschaften Śląskie (Schlesien, 33%), Opolskie (Oppeln, 20%) und Dolnośląskie (Niederschlesien, 8%) stammten.[265] All diese Provinzen sind durch historische Entwicklungen stark mit Deutschland verbunden. Seit 2005 jedoch diversifizieren sich die Herkunftsregionen. Der Anteil der Migranten aus den drei genannten Provinzen sank auf 54%, und andere polnische Herkunftsregionen gewannen an Bedeutung.[266] Auch dies kann als Beleg der sinkenden Bedeutung Deutschlands für polnische Migranten gelten.

Durch die Entwicklungen seit der Osterweiterung entstehen Migrationsbeziehungen zu zwei Ländern, mit denen Polen zuvor keine bedeutenden Wanderungstraditionen verbanden. Im Gegensatz dazu verbanden Polen und Deutschland „vielschichtige Migrationsnetzwerke".[267] Arbeitsvermittlungsstellen in Polen halfen dabei, die Migrationsströme in neue Richtungen zu lenken.[268] Aus einer 2003 von Izabela Grabowska durchgeführten Studie geht hervor, dass der Großteil der Arbeitsmigranten durch Beziehungen mit bereits in Irland lebenden Polen seine Migrationsentscheidung gefällt bzw. eine Arbeitsstelle gefunden hat.[269] Die Anwerbung von Fachkräften aus Polen nach Deutschland dürfte sich schwierig gestalten. Ein Versuch seitens der Bundesregierung, mittels einer ‚Green-Card' hoch qualifizierte polnische Arbeitskräfte anzuwerben, scheiterte bereits im Jahr 2000.[270] Dass der Bedarf weiterhin besteht, zeigt sich am neuen Zuwanderungsgesetz: Es gewährt Hochqualifizierten den freien Zugang zum deutschen Arbeitsmarkt sowie den dauerhaften Aufenthalt. Auch dürfen Studenten nach Abschluss ihres Studiums in Deutschland ein Jahr

---

[263] Vgl. Roguska (2006): 2
[264] Astheimer (2007)
[265] Vgl. Kępińska (2005): 12
[266] Vgl. Kępińska (2006): 13
[267] Dietz (2004): 45
[268] Kępińska (2006): 38f.
[269] Vgl. Grabowska (2003): 33ff.
[270] Vgl. Tenbrock (2004)

zur Arbeitssuche in der Bundesrepublik verbleiben.[271]

Die Tatsache, dass polnische Migranten jetzt Netzwerke mit anderen Ländern als Deutschland knüpfen, muss zusätzlich vor dem Hintergrund betrachtet werden, dass hoch qualifizierte polnische Arbeitnehmer in ihrem Heimatland selbst gesucht werden.[272] Bereits jetzt herrscht Fachkräftemangel in Polen.[273] Das Potential an hoch qualifizierten Polen, die Deutschland als Zielland wählen, muss demnach als sehr gering eingeschätzt werden. In diesem Fall könnten Großbritannien und Irland diejenigen Länder sein, die von erhöhter innergemeinschaftlicher Mobilität profitiert und deren angestrebtes Ziel erreicht haben, nämlich verbesserte wirtschaftliche Leistungsfähigkeit. Die Migrationsbeziehungen zwischen Polen und Deutschland hingegen werden sich wahrscheinlich weiterhin in eine andere Richtung entwickeln: „Im Falle der jungen und besser ausgebildeten Arbeitskräfte scheinen die Migrationswege nicht nach Deutschland zu führen."[274]

4.4.5 Wanderungsgründe

Die relativ schwache Wirtschaftsleistung Polens und die vergleichsweise hohen Auswanderungszahlen des Landes sowie der hohe Anteil der Arbeitsmigration an der Gesamtmigration aus Polen lassen ökonomische Gründe als Hauptursachen polnischer Migration nach 2004 nahe liegend erscheinen. Diese Annahme wird durch Studien zu den Gründen polnischer Migration untermauert, die während der 1990er Jahre und bis heute von der Warschauer Universität durchgeführt worden sind und ergeben haben, dass ökonomische Gründe die Hauptursache polnischer Wanderungen darstellen.[275]

Während zu Beginn der 1990er Jahre ein wirtschaftlicher Aufschwung in Polen begann, der von Investitionen polnischer und ausländischer Firmen begleitet wurde und jungen qualifizierten Menschen neue Chancen im eigenen Land ermöglichte, stieg die Arbeitslosigkeit im Jahr 2002 auf 18,2% (vgl. Tabelle 1). Die Auslandsinvestitionen gingen zurück und blieben hinter denen in anderen mittel- und osteuropäischen Ländern zurück. Hinzu kommt, dass zu diesem Zeitpunkt nur etwa 20% aller Arbeitslosen in Polen Anspruch auf staatliche Unterstützung hatten.[276] Gleichzeitig fiel

---

[271] Alscher (2005): 5
[272] Vgl. Okólski (2005): 218
[273] Vgl. Puhl (2007): 118
[274] Heinen/Pegels (2006): 5
[275] Vgl. Fihel et al. (2006): 40
[276] Vgl. Grabowska (2003): 30

das Wirtschaftswachstum auf 1,1%. Zwar lag es mit 3,5% im Jahr 2005 deutlich über dem EU-Durchschnitt von 1,7%, unter den 10 neuen Mitgliedstaaten bildete Polen jedoch das Schlusslicht (vgl. Tabelle 5).

Tabelle 5: Wachstum des Bruttoinlandsprodukts (in % zum Vorjahr)

	1999	2000	2001	2002	2003	2004	2005	2006
EU-15	3,0	3,9	1,9	1,1	1,1	2,3	1,5	2,8
Deutschland	2,0	3,2	1,2	0,0	-0,2	1,2	0,9	2,7
Vereinigtes Königreich	3,0	3,8	2,4	2,1	2,7	3,3	1,9	2,8
Irland	10,7	9,4	5,8	6,0	4,3	4,3	5,5	5,3*
Schweden	4,5	4,3	1,1	2,0	1,7	4,1	2,9	4,4
EU-25	3,0	3,9	2,0	1,2	1,3	2,4	1,7	2,9
Polen	4,5	4,2	1,1	1,4	3,8	5,3	3,5	5,8
Slowakei	0,3	0,7	3,2	4,1	4,2	5,4	6,0	8,3
Lettland	3,3	6,9	8,0	6,5	7,2	8,7	10,6	11,9
Slowenien	5,4	4,1	2,7	3,5	2,7	4,4	4,0	5,2
Tschechische Republik	1,3	3,6	2,5	1,9	3,6	4,2	6,1	6,0*
Litauen	-1,5	4,1	6,6	6,9	10,3	7,3	7,6	7,5
Estland	0,3	10,8	7,7	8,0	7,1	8,1	10,5	11,4
Ungarn	4,2	5,2	4,1	4,3	4,1	4,9	4,2	3,9

Prognosen
Eigene Ausarbeitung; Datengrundlage: Eurostat

2001 öffnete Irland als Land, das eine stark marktorientierte Immigrationspolitik verfolgt[277] und dessen Wirtschaft seit 1997 stetig gewachsen war, seinen Arbeitsmarkt für Migranten. Das Wirtschaftswachstum betrug 2000 in Irland 9,4% und in Polen 4,2% bzw. 2001 in Irland 5,8% und in Polen 1,1% (vgl. Tabelle 5). Seit diesem Zeitpunkt ist die Migration von Polen nach Irland dramatisch gestiegen. Es ist somit deutlich zu erkennen, dass die Migration nach Irland (auch) ökonomischen Gründen unterliegt. Durch die Arbeitsmarktöffnung konnten sich die wirtschaftliche

---

[277] Vgl. Grabowska (2003): 11

Schwäche Polens und die wirtschaftliche Stärke Irlands gegenseitig ausbalancieren.[278]

Im Vergleich zu einer Umfrage, die 1996 geführt wurde, war der Anteil auswanderungsbereiter Polen in der von Izabela Grabowska im Jahr 2003 durchgeführten Studie stark gestiegen. Grabowska begründet diese Entwicklung damit, dass die Wirtschaftsentwicklung Polens 1995/1996 positiv war und die Menschen Hoffnung auf eine bessere Zukunft hatten.[279] Auch Werner betont, dass die Zukunftserwartungen große Bedeutung für bzw. gegen eine Migrationsentscheidung haben. Besteht die Hoffnung auf eine Verbesserung der Lage im eigenen Land, wird eine Wanderung eher aufgeschoben und schließlich evtl. aufgegeben.[280] Der ‚Eigenwert des Wartens‘[281] besteht darin, dass die Wartezeit für das Einholen von Informationen genutzt und so das mit der Migration verbundene Risiko vermindert werden kann. Im Fall der übrigen EU-8-Staaten können das Wissen um die nun fortwährend bestehende Möglichkeit der Emigration und die Hoffnung auf eine positive Entwicklung im eigenen Land eine sofortige Auswanderung verhindern und einen Grund für die trotz der Öffnung einiger Arbeitsmärkte relativ geringe Emigration darstellen. Auch kann so die unerwartet niedrige Emigration aus Polen während der Transformationszeit begründet werden (vgl. 4.3). Bezogen auf das heutige Polen jedoch stellt das *Fehlen* von Zukunftsperspektiven eine Ursache *für* die relativ starke Migration dar. Eine vom Institut für öffentliche Angelegenheiten durchgeführte Analyse von Internetforen, in denen junge polnische Emigranten über die Gründe ihrer Auswanderung und die Situation in Polen debattieren, hat ergeben, dass die erfolglose Arbeitssuche und unverhältnismäßig niedrige Löhne einen wichtigen Impuls für das Verlassen des Landes darstellt. Jedoch werden auch das Fehlen von Lebenschancen und Zukunftshoffnungen betont. Die Ursachen dieser Probleme werden darin gesehen, dass beruflicher Aufstieg nur über persönliche Kontakte möglich und die Arbeitsbedingungen sowie die Stimmung auf dem Arbeitsmarkt und zwischen Vorgesetzten und Untergebenen schlecht seien. Auch die Unzufriedenheit mit der momentanen Regierung und das Gefühl, dass diese sich mehr mit der Aufarbeitung der Vergangenheit beschäftige als mit der Schaffung von Zukunftsperspektiven in Polen, tragen laut der Analyse zur hohen Auswanderungsbereitschaft junger und gut ausgebildeter Polen bei.[282] Die hohe Jugendarbeitslosigkeit kann als

---

[278] Vgl. ebd.: 28
[279] Vgl. Grabowska (2003): 15
[280] Vgl. Werner (2001): 19
[281] Vgl. Tassinoupolous/Werner (1999): 13
[282] Vgl. Kolarska-Bobińska (2006)

Beleg für fehlende Zukunftsperspektiven für junge Menschen in Polen gelten (vgl. Tabelle 6).

Tabelle 6: Jugendarbeitslosigkeit (in % der 15-24jährigen Bevölkerung)

	1998	1999	2000	2001	2002	2003	2004	2005
Polen	7,7	10,2	13,3	15,7	16,1	15,2	14,2	13,2
Slowakei	11,8	15,8	17,0	17,8	16,3	13,7	13,0	11,0
Slowenien	8,1	7,3	6,4	6,6	6,1	6,1	6,5	6,5
Irland	5,8	4,6	3,8	3,8	4,4	4,8	4,7	4,6
Vereinigtes Königreich	9,1	8,7	8,2	7,6	7,7	7,7	7,6	7,9
Schweden	8,0	6,9	5,9	5,9	6,3	6,5	8,0	11,5
Deutschland	4,8	4,5	4,3	4,2	5,0	5,8	6,0	7,7

Eigene Ausarbeitung; Datengrundlage: Europäische Kommission (2006)

Der Anteil der Arbeitsmigration an der Gesamtmigration aus Polen betrug im dritten Quartal 2006 92%.[283] Auch die Dominanz kurzzeitiger Wanderungen lässt sich mit den ökonomischen Migrationsgründen erklären: Temporär begrenzte Migration bietet sich an, wenn sie dem reinen Gelderwerb dient. In Anlehnung an die Typologisierung durch Pries ist der Hauptteil der polnischen Migranten demnach als *Remigrant* einzuordnen, der den Aufenthalt in seinem Ankunftsland als eine zeitlich begrenzte Übergangsphase und sein Herkunftsland weiterhin als dasjenige Land ansieht, zu dem er sich zugehörig fühlt (vgl. 2.2).

Izabela Grabowska benannte 2003 zwei verschiedene Formen der Migration nach Irland. Einerseits kamen hoch qualifizierte Polen als Mitarbeiter multinationaler oder irischer Firmen aus Polen nach Irland, um dort in gering- bzw. semi-qualifizierten Anstellungsverhältnissen zu arbeiten. Die andere Form war die Migration, die aus der Entstehung von Netzwerken resultierte. Die meisten der in der Studie befragten Polen gaben an, über Freunde bzw. Bekannte eine Arbeit in Irland gefunden zu haben bzw. zur Migration veranlasst worden zu sein.[284] Die stetig wachsenden Migrantenzahlen nach Irland lassen vermuten, dass sich die Netzwerkbildung nach der EU-Erweiterung fortgesetzt und verstärkt hat. Wie verschiedene

---

[283] Vgl. Kępińska (2006): 1
[284] Vgl. Grabowska (2003): 34

Zeitungen berichten, werden inzwischen Autobahnen auch auf Polnisch beschildert und die Internetseiten irischer Städte auf Polnisch übersetzt.[285] Diese Entwicklung lässt eine bedeutende Veränderung in Bezug auf polnische Migration erkennen. Marek Okólski hatte vor der Osterweiterung darauf hingewiesen, dass aus polnischen Wanderungen in die EU nicht automatisch auf polnische Netzwerkbildung innerhalb der EU geschlossen werden dürfe: Zwar unterschied er zwischen polnischen Migranten und denen aus anderen EU-8-Ländern und betonte, dass es „bisher nur die polnischen Migranten [waren], die weitreichende und gut funktionierende soziale Netzwerke in Deutschland aufgebaut haben, welche einen beachtlichen Zustrom an polnischen Arbeitskräften gefördert haben."[286] Jedoch wies er zusätzlich an verschiedenen Stellen darauf hin, dass

„contrary to popular opinion – there are no extended communities and no diaspora of CEE[287] origin in EU Member States. The coherence of such groups and their members' solidarity are both rather low. Members of Polish ethnic communities set up over the last decades, for instance, are highly mobile; they tend to melt into native communities or migrate to other geographical areas (e.g. overseas) or return to Poland. In many instances, Polish migrant workers tend to compete among themselves rather than assist one another. All this undermines the stability of Polish ethnic communities in the EU. Therefore, the strength of migration networks that might result from their existence is rather negligible."[288]

Die relative Schwäche der Netzwerke begründet er damit, dass viele polnische Migranten nur für kurze Zeit und aus Gründen des Gelderwerbs in das Zielland kommen. So werde kein soziales Leben aufgebaut, weder zu anderen Migranten, noch zur Aufnahmegesellschaft.[289]

Die zwischen Irland sowie Großbritannien und Polen entstehenden Migrationsbeziehungen nach 2004 (bzw. ihre ‚Vorläufer' in den Jahren zuvor) scheinen anderen Bedingungen zu unterliegen als die von Okólski angesprochenen Wanderungen vor 2004. Netzwerke scheinen eine ent-

---

[285] Vgl. Bröll (2006a), Puhl (2007)
[286] Heinen/Pegels (2006): 5
[287] CEE – Central and Eastern European countries
[288] Okólski (2005): 214f.
[289] Ebd.: 220

scheidende Rolle zu spielen, und die Polen scheinen Merkmale ihres polnischen Lebens in ihr Ankunftsland einzubringen bzw. sie dort einzufordern. Die meistgenannten Gründe für die Migration waren die Suche nach einer guten Arbeit und eine bessere Lebenssituation dank höherer Löhne sowie der Wunsch nach Unterstützung der Familie in Polen.[290] Außerhalb von rein wirtschaftlichen Gründen wurden bessere Arbeitsbedingungen, neue Erfahrungen in einem neuen Land und die Möglichkeiten des Lernens und Reisens genannt. Auch die günstigen und unkomplizierten Bedingungen der Einreise nach Irland sowie kulturelle Übereinstimmungen zwischen Iren und Polen wurden als entscheidende Kriterien aufgezählt.[291] Grabowska konstatiert aus ihrer Studie, dass das entscheidende Kriterium der Migration von Polen nach Irland die relative polnische Wirtschaftsleistung im Vergleich zur irischen ist.[292] Auch in diesem Fall werden also ökonomische Gründe im Sinne der Neuen Arbeitsökonomie als wichtigste Push-Faktoren der Migration angesehen. Sie werden jedoch ergänzt um Aspekte der Netzwerkthese und der kumulativen Verursachung.

Diese Annahmen werden durch eine Eurobarometer-Umfrage (2005) sowie eine Studie von PricewaterhouseCoopers (2006) gestützt. Beide beschäftigten sich im Rahmen des Aktionsjahres zur Förderung der Mobilität der Arbeitnehmer mit Migrationsbewegungen innerhalb der EU-25. Während die pwc-Studie (unter Einbeziehung der Eurobarometer-Umfrage) zum Ziel hatte, herauszufinden, welche Bedingungen für Arbeitgeber bzw. Arbeitnehmer geschaffen werden müssen, um höhere Mobilitätsraten zu erreichen, fragte die Eurobarometer-Umfrage hauptsächlich nach den (Hinderungs-) Gründen EU-interner Migration. Auch in der pwc-Studie wird – wie schon 2003 von Grabowska – geschlussfolgert, dass die unterschiedlichen Wachstumsraten zwischen Ländern der Europäischen Union den größten Anreiz zur Migration darstellen.[293] Während im Durchschnitt der EU-25 37% der Bürger ein höheres Einkommen und 36% bessere Arbeitsbedingungen als Hauptwanderungsgrund angeben, betragen beide Werte 60%, wenn nur die neuen Mitgliedstaaten berücksichtigt werden. In den alten Mitgliedstaaten nennen die meisten Befragten so genannte ‚lifestyle-Faktoren' als Migrationsgründe, beispielsweise die Entdeckung einer neuen Umgebung, besseres Wetter oder das Erlernen einer weiteren Sprache. Passend dazu stellt der Verlust sozialer Kontakte für die Menschen in den mittel- und osteuropäischen Staaten einen

---

[290] Vgl. Grabowska (2003): 38f.
[291] Vgl. Grabowska (2003): 43
[292] Vgl. ebd.: 44f.
[293] Vgl. PricewaterhouseCoopers (2006): 19

geringeren Hinderungsgrund dar als für diejenigen in den alten Mitglied-staaten.[294] Eine mögliche Interpretation dieser Daten ist, dass soziale Faktoren erst dann migrationsentscheidend wirken, sobald die relative wirtschaftliche Situation als zufriedenstellend erlebt wird. Des Weiteren wird vermutet, dass soziale Faktoren dann als weniger wichtig erlebt werden, wenn die Migration von begrenzter Dauer ist. Auch wenn lang-fristige Wanderungen im Falle Polens wieder an Bedeutung gewonnen haben und dies ein Hinweis auf die Entstehung sozialer Netzwerke in den Zielländern sein kann, überwiegen kurzzeitige Wanderungen deutlich und werden vermutlich wegen der Aufhebung der Doppelbesteuerung im Fall Großbritanniens wieder zunehmen. Migration kann so rein wirtschaftlich betrachtet, und soziale Kontakte können leichter aufrechterhalten wer-den. Beispielsweise hatten von den zwanzig 2003 von Grabowska befrag-ten Polen in Irland nur zwei die Absicht, für länger dort zu bleiben. Einige andere verlängerten ihren Aufenthalt um einige Zeit, weil sich die Situati-on in Polen noch nicht verbessert hatte. Der Rückkehrgedanke ist deut-lich mit einer verbesserten Lebens- und Arbeitssituation in Polen verbun-den.[295]

---

[294] Vgl. Europäische Stiftung zur Verbesserung der Lebens- und Arbeitsbedingungen (2005)
[295] Vgl. Grabowska (2003): 37

5. EU-Binnenmigration im Spiegel migrationstheoretischer Ansätze

Die Migration innerhalb der Mitgliedstaaten wird von den Entscheidungs-trägern der EU als wichtiges Ziel betrachtet, um die Wettbewerbsfähig-keit zu erhöhen und die Integration zu fördern. Mit Hilfe geographischer Mobilität sollen Arbeitsplatzangebot und Arbeitsplatznachfrage in Ein-klang gebracht werden und so die Wirtschaftsleistung erhöht werden.[296] Jedoch verringerte sich das Ausmaß EU-interner Migration im Laufe der fortschreitenden Europäisierung bis 2004. Seit der Osterweiterung sind verstärkte Wanderungsbewegungen aus den mittel- und osteuropäischen Mitgliedstaaten zu beobachten, die auch neue Zielländer betreffen. Polen als dem wirtschaftlich schwächsten Land in der Gruppe der Beitrittsländer fällt hierbei die wichtigste Rolle zu. Polnische Migrationsprozesse unter-lagen über die letzten Jahrzehnte hinweg vielen Veränderungen. Oft wurden diese durch politische und rechtliche Rahmenbedingungen struk-turiert. Seit 2004 zeichnen sich Entwicklungen ab, die zum Teil an die Wanderungsprozesse während der 1980er Jahre erinnern und zum Teil völlig neue Elemente beinhalten. Beispielsweise wandern wie in den 1980er Jahren hauptsächlich junge und gut ausgebildete Menschen aus, denen jedoch heute bessere Möglichkeiten legaler und qualifizierter Be-schäftigung offen stehen. Auch gibt es Hinweise darauf, dass die relativ starke polnische Migration ein zeitlich begrenztes Phänomen ist, dessen Umfang sich im Laufe der Stabilisierung der polnischen Wirtschaftslage verringern wird. So ist von einer Angleichung an bereits zu früheren Zei-ten beobachtbare Prozesse innerhalb der Europäischen Union auszuge-hen.

Migrationstheorien haben zum Ziel, die Ursachen, Verläufe und Folgen von Wanderungen zu erläutern und zu hinterfragen. Da Migrationsbewe-gungen prozesshafte Phänomene sind, die ständigen Veränderungen un-terliegen können, müssen die Theorien immer wieder neu auf ihre An-wendbarkeit hin überprüft werden.

Die Erweiterung der EU um acht Staaten des ehemaligen sowjetischen Blocks bietet sich aufgrund der hohen Wahrscheinlichkeit des Auftretens neuer Strukturen für eine solche Überprüfung an. Von besonderem Inte-resse ist, ob durch die EU-Mitgliedschaft und die durch sie entstehenden Möglichkeiten der grenzüberschreitenden Bewegungsfreiheit neue Migrationsprozesse initiiert werden, oder ob sich lediglich bereits vor dem Beitritt etablierte Strukturen wiederholen.

---

[296] Vgl. Europäische Kommission (2001): 50

Im folgenden Teil werden drei Entwicklungsstränge miteinander und mit der Migrationsforschung verknüpft. Als Grundlage der Analyse dienen die in Kapitel 2 vorgestellten Theorien. Die Implikationen der verschiedenen Ansätze werden miteinander kombiniert und dienen als Mittel, um die in den vorhergehenden Kapiteln vorgestellten Wanderungsprozesse zu deuten. Die polnischen Wanderungen nach 2004 wiederum bilden den Dreh- und Angelpunkt, auf den jeweils Bezug genommen wird. Zunächst wird die EU-interne Migration vor 2004 mit Hilfe der Theorien zu deuten versucht. Im weiteren Verlauf werden die polnischen Wanderungsprozesse nach 2004 inklusive der Frage behandelt, inwiefern diese als Fortführung von in der EU bereits zuvor existierenden Strukturen betrachtet werden können. Die polnischen Migrationstraditionen seit dem Zweiten Weltkrieg werden einbezogen, wobei dem Jahr 1989 als dem Beginn der Transformationszeit im Hinblick auf die Veränderung von Wanderungsstrukturen besondere Bedeutung beigemessen wird. Auch werden Thesen aufgestellt, in welche Richtung sich die EU-Binnenmigration entwickeln könnte. Durch die durchgehende Bezugnahme auf die theoretischen Grundlagen werden auch deren Unzulänglichkeiten im Hinblick auf EU-interne Migration aufgezeigt.

5.1 Migration innerhalb der EU vor 2004 – Einordnung in den theoretischen Kontext

EU-Binnenmigration trat bis 2004 in nur unerheblichem Maße auf. Als Basis von Migrationsprozessen wird in aller Regel von einem Kräftefeld aus Push- und Pull-Faktoren ausgegangen, wobei die Gründe für oder gegen eine letztendliche Migrationsentscheidung vielfältig sein können. In den rein ökonomischen Theorien gilt die Arbeitsmarktsituation als stärkste beeinflussende Kraft. Ein Kräftefeld dieser Art existierte in der EU bis 2004 nicht. Die wirtschaftlichen Unterschiede zwischen den einzelnen Mitgliedstaaten hatten sich verringert, der Standard sich angenähert. Nach jeder Erweiterungsrunde minimierte sich die Migration zwischen den beigetretenen Ländern und der EU. Ausgehend von den demographischen und geographischen „Gesetzmäßigkeiten" nach Ravenstein bestehen durch die geringen Entfernungen innerhalb der EU beste Voraussetzungen für Wanderungsprozesse. Die ausbleibende Migration trotz der geringen Entfernungen zeigt, dass geographische Nähe auch trotz der Beseitigung von Mobilitätshindernissen keine hinreichende Bedingung für Migration ist. Es ist davon auszugehen, dass zusätzlich ein Kräftefeld im Sinne des Push-Pull-Modells wirken muss.

Die geringe Nationalstaaten überschreitende Migration von EU-Bürgern kann im Gros mit Hilfe wirtschaftlicher Theorien gedeutet werden. Die neoklassische Ökonomie besagt, dass Wanderungsströme versiegen, wenn Lohnunterschiede ausgeglichen sind, da in diesem Moment die optimale Allokation des Produktionsfaktors Arbeit erreicht ist. Allerdings führte innerhalb der EU nicht der Marktmechanismus selbst zum Erreichen dieses zumindest annähernden Gleichgewichts, wie es die Theorie annimmt, sondern spielte die EU-Politik eine bedeutende Rolle. Ziel der Einführung des gemeinsamen Marktes waren nicht die Wanderungen von Menschen, sondern verstärkter Handel zwischen den Mitgliedstaaten. Dieser sollte zum Gleichgewicht führen: „Der Ausgleich der Einkommens- und Lohnunterschiede zwischen den Regionen sollte [...] primär über internationale Kapital- und Warenströme erfolgen und nur in zweiter Linie über die Arbeitsmigration."[297] Kein EU-Bürger sollte aufgrund struktureller Bedingungen zu Migration gezwungen werden, sondern in seinem eigenen Land genügende Arbeitsmöglichkeiten vorfinden. Migration war demnach nur als zweitrangiges Regelungsinstrument in der fortschreitenden Integration der EU-Märkte vorgesehen.[298] Das Hauptinteresse galt dem Handel sowie Umverteilungsmaßnahmen zur Angleichung der Lebensverhältnisse. Während zwischen den reicheren EU-Ländern wie Deutschland und Frankreich und den ärmeren Ländern wie Spanien oder Portugal in den 1980er Jahren ein Lohnunterschied im Verhältnis von etwa 6:1 bestand, reduzierte sich dieser bis 1999 auf etwa 3:1.[299] Kapital- und Warenmobilität waren im Prozess der Europäischen Integration von größerer Bedeutung als die Mobilität von Arbeitskräften.[300]

Die Annahmen der Neuen Arbeitsökonomie stellen eine gute Ergänzung dar, um das geringe Ausmaß der Wanderungsbewegungen innerhalb der EU bis 2004 zu erklären. Sie implizieren die Möglichkeit staatlicher Einflussnahme auf Migrationsbewegungen durch Umverteilungsmaßnahmen und Ersatzzahlungen mit dem Ziel der Risikodiversifizierung. Die EU-Politiken werden an dieser Stelle als staatliche Maßnahmen betrachtet. Umverteilungen zugunsten wirtschaftlich schwächerer Mitgliedstaaten und Lohnzusatz- bzw. Lohnersatzleistungen lindern die Intensität von Push-Faktoren, und Handel kann die Wanderungen von Menschen ersetzen. Da die EU-15 insgesamt inzwischen ein relativ homogener Flächenraum mit hoher wirtschaftlicher Leistungsfähigkeit ist, findet ein Abwägungsprozess für oder gegen eine Migrationsentscheidung, d.h. eine Be-

---

[297] Biffl (1999): 502
[298] Vgl. Molle (2004): 168
[299] Tassinopoulos/Werner (1999): 8
[300] Vgl. Biffl (1999): 502, Molle (2004): 156

wegung im Kräftefeld, gar nicht mehr statt. Durch die EU-Politiken wurden zuerst die Marktungleichheiten im Sinne der neoklassischen Ökonomie ausgeglichen und dann dem Handel die größte Bedeutung für die Marktsteuerung zugewiesen. Diesem Prozess liegen die Annahmen des Heckscher-Ohlin-Theorems zugrunde: durch Außenhandel wird das angestrebte Marktgleichgewicht erreicht.

Als in ihrer Erklärungskraft eingeschränkt erweist sich die Neue Arbeitsökonomie jedoch im Hinblick auf ihre Ausführungen zur relativen Deprivation. Laut der Theorie bliebe die Möglichkeit der Arbeitsmigration als Ergebnis sozialer Vergleichssituationen auch ohne Lohnunterschiede erhalten. Innerhalb der europäischen Gesellschaften bestehen große sozialstrukturelle Unterschiede, die im Sinne der Theorie zu relativer Deprivation und in der Folge zu Migration führen können. Darüber hinaus sind hohe Entwicklungsunterschiede zwischen den europäischen Regionen trotz der 1988 mit erheblichen Mitteln ausgestatteten Strukturfonds erhalten geblieben und haben sich über die Zeit kaum verändert.[301] Trotzdem pendeln nur etwa 0,2% aller EU-Bürger über Staatsgrenzen hinweg zur Arbeit[302], und auch die regionale Migration ist gering. Hierfür hält die Theorie keine explizite Erklärung bereit. Sie weist jedoch auf die Bedeutung von Netzwerken hin, in die das vor einer Migrationsentscheidung stehende Individuum eingebunden ist. Ebenso wie Netzwerke im potentiellen Zielland eine Migrationsentscheidung erleichtern und die mit ihr verbundenen Risiken senken kann, können die Netzwerke im Heimatland ein Argument *gegen* eine mögliche Wanderung darstellen, wenn etwa die Migrationskosten, in diesem Fall der Verlust der sozialen Kontakte, als höher empfunden werden als der mit der Migration verbundene Gewinn. Wird die migrationshemmende Wirkung, die von Netzwerken ausgehen kann, mit einbezogen, lassen sich die EU-internen Migrationsprozesse vor 2004 erklären. Eine Verbindung von ökonomischen Theorien mit der Netzwerkthese erscheint sinnvoll.

Auch im Fall von Bürgern von außerhalb der Union, die in der EU Arbeit aufnehmen, kommen ökonomische Theorien zum Tragen. Sowohl die Gastarbeit als auch die Saisonarbeit lassen sich mit Hilfe der Dualen Arbeitsmarkttheorie deuten. Anstelle der Zahlung höherer Löhne, wie es die neoklassische Theorie vorsieht, werden Arbeitskräfte aus anderen Ländern importiert, die bereit sind, für geringere Löhne zu arbeiten. Der Arbeitsmarkt segmentiert sich, und es findet eine Differenzierung zwischen den Arbeitskräften statt. Die Gastarbeiter, die häufig für längere

---

[301] Vgl. Werner (2001): 14f.
[302] Vgl. Krieger/Fernandez (2006): 4

71

Zeit in den Ankunftsländern blieben als die Saisonarbeiter, holten in vielen Fällen später ihre Familienangehörigen nach. So entstanden soziale Netzwerke, die weitere Migrationsbewegungen initiierten. Die Annahmen der neoklassischen Ökonomie sind in diesem Fall zu eng führend. Die Theorie betrachtet den Produktionsfaktor Arbeit als homogen und übertragbar von einem Ort zum anderen. Auch geht sie davon aus, dass der Markt durch Lohnanpassungen reguliert wird. Die Notwendigkeit der Anwerbung von Arbeitskräften aus Ländern außerhalb der EU zeigt, dass die Theorie unzureichend ist. Da Arbeit nicht homogen, sondern mit verschieden hohem Prestige und Gehaltsansprüchen versehen ist, wird Arbeitsmarktserfordernissen nicht durch Lohnerhöhungen entsprochen, sondern durch die Anwerbung von Arbeitnehmern aus Ländern außerhalb der EU.

Insgesamt wird im Hinblick auf die Migration innerhalb der EU deutlich, dass der Blickwinkel der Theorien umgekehrt werden muss. Die klassischen Migrationstheorien beschäftigen sich in großem Maße mit Fragestellungen folgender Art: Wodurch werden Wanderungsprozesse ausgelöst? Wie verlaufen sie? Welche Konsequenzen hat Migration für die Herkunfts- bzw. die Aufnahmegesellschaft? Hinsichtlich der EU-internen Wanderungsprozesse vor 2004 muss der Ausgangspunkt verändert werden. Anstelle der Frage nach den *auslösenden* Faktoren von Migrationsprozessen steht hier die Frage im Mittelpunkt, welche Gründe dazu führen, dass Migration *ausbleibt* bzw. *stagniert*. Folgende Fragestellungen könnten in diesem Zusammenhang interessant sein: Inwiefern wird Migration durch EU-Politiken verhindert? Welche Bedeutung hat die Einbindung in soziale Netzwerke im Heimatland für die Entscheidung für oder gegen Migration? Bedeutet die Entscheidung für eine Migration innerhalb der EU gleichzeitig eine Entscheidung gegen das persönliche soziale Netzwerk? Welche Faktoren könnten verstärkend für Migrationsprozesse innerhalb der EU wirken?

5.2 Migration nach 2004 am Beispiel Polens – Einordnung in den theoretischen Kontext

Aus den vorangehenden Ausarbeitungen ist deutlich geworden, dass wirtschaftliche Unterschiede den wichtigsten Impuls für polnische Migration darstellen. Entscheidend für die hohen Auswanderungszahlen aus Polen seit 2004 sind die hohe Arbeitslosigkeit und das geringe Lohnniveau in Polen im Vergleich zu allen anderen EU-Mitgliedstaaten. Die Grundannahme der neoklassischen Theorie in Verbindung mit dem Push-Pull-Modell, dass die Arbeitsmarktsituation den entscheidenden Wanderungsfaktor darstellt, scheint auf den ersten Blick zutreffend zu sein. Durch die unterschiedlich starke Wirtschaftskraft in Großbritannien und Irland bzw. Polen ist ein Kräftefeld zwischen diesen Ländern entstanden, das Migrationsbewegungen generiert hat. Allerdings ist eine Verbindung der neoklassischen Theorie mit der Neuen Arbeitsökonomie nötig, um die polnische Migration nach 2004 zu deuten, weil die neoklassische Theorie eine entscheidende Schwäche enthält: Sie sieht permanente Migration als einzig mögliche Form der Wanderung an. Da die polnischen Wanderungen vorwiegend durch Kurzzeitigkeit geprägt sind, reicht die Erklärungskraft der neoklassischen Theorie hier nicht aus. Die Neue Arbeitsökonomie bezieht temporäre Migration mit ein und betrachtet sie als eine mögliche Form der Risikodiversifizierung. Die Tatsache, dass die meisten polnischen Migranten ohne Familienangehörige ausreisen und dass die Rücküberweisungen nach Polen seit 2004 in erheblichem Maße gestiegen sind[303], weist darauf hin, dass diese Annahmen zutreffen. Das Arbeiten im Ausland kann der Statusaufbesserung im Herkunftsland dienen. Die Aufrechterhaltung des Rückkehrgedankens ist für die meisten polnischen Migranten aktuell, und ein großer Teil der polnischen Migrationspläne scheint bereits realisiert worden zu sein (vgl. Kapitel 4). Weiterhin impliziert die Neue Arbeitsökonomie, dass durch staatliche Maßnahmen, die zur Risikodiversifizierung beitragen, Einfluss auf Migrationsbewegungen genommen werden kann. In dem Maße, wie durch die Etablierung von staatlichen Beihilfen, Versicherungsmärkten, etc. Migration verhindert werden kann, kann das Ausbleiben staatlicher Einflussnahme Wanderungen provozieren. Wie in 4.4.5. beschrieben, herrscht unter den polnischen Migranten große Enttäuschung über die aktuelle polnische Politik und die geringen Zukunftschancen im eigenen Land. Seit der Osterweiterung ist größere Vergleichbarkeit mit den anderen EU-Ländern gegeben. Das Empfinden relativer Deprivation kann nun auf die gesamte EU ausgedehnt werden, wobei Polen in allen wirtschaftlichen Bereichen das Schlusslicht bildet. Besonders der Vergleich mit den anderen mittel- und osteuropäischen Staaten wird hier als bedeutsam eingeschätzt. Die ehemalige Zugehörigkeit zu demselben System und die in Teilen gemeinsam gelebte Geschichte sowie der gleichzeitige Beitritt zur EU dürften den Vergleich innerhalb der Gruppe der acht mittel- und osteuropäischen Länder verstärken. Ein Beleg für diese These ist, dass auch die anderen Länder der EU-8 nicht denselben wirtschaftlichen Standard haben wie die Länder der EU-15. Trotzdem sind aus ihnen nur marginale Migrationsbewegungen zu verzeichnen. Dies deutet darauf hin, dass die relative Deprivation hauptsächlich innerhalb der Gruppe der Neumitglieder gemessen

---

[303] Vgl. Fihel et al. (2006): 69

wird. Da Polen das Schlusslicht bildet, wird die Deprivation in den anderen Ländern als vergleichsweise gering empfunden und löst keine starken Migrationsbewegungen aus. Während beispielsweise das slowenische Bruttoinlandsprodukt relativ nah an den EU-Durchschnitt heranreicht, erreicht das polnische gerade die Hälfte (vgl. Tabelle 7).

Tabelle 7: Bruttoinlandsprodukt pro Kopf in Kaufkraftstandards (KKS) (relativ zum Durchschnitt der EU, EU-25 = 100)

	1999	2000	2001	2002	2003	2004	2005	2006
EU-25	100.0	100.0	100.0	100.0	100.0	100.0	100.0	100.0
Polen	46.3	46.7	46.1	46.3	46.9	48.7	49.7	51.3*
Slowakei	46.9	47.4	48.7	51.0	52.8	54.4	57.1	60.2*
Lettland	34.0	35.3	37.1	38.7	41.2	43.7	48.6	53.3*
Slowenien	73.6	72.7	73.9	74.5	77.4	79.9	81.9	83.6*
Tschechische Republik	65.9	64.7	65.8	67.7	70.7	72.1	73.6	75.9*
Litauen	37.4	37.9	40.1	41.9	47.1	49.0	52.1	54.8*
Estland	38.7	42.1	43.7	46.8	51.2	53.4	59.8	65.0*
Ungarn	51.7	53.9	56.9	59.1	60.8	61.3	62.5	63.4*

* Prognosen
Eigene Ausarbeitung; Datengrundlage: Eurostat

Der wirtschaftliche Fortschritt, der in anderen EU-8-Ländern zu beobachten ist, ist in Polen in großem Maße ausgeblieben. Mit der Einführung der freien Marktwirtschaft ab 1989 verbundene Hoffnungen wurden enttäuscht. Die EU-Mitgliedschaft bietet neue Möglichkeiten der Risikominimierung, die vom polnischen Staat nicht im erwarteten Maße geleistet wurde. Migration ermöglicht den Bezug von Sozialbeihilfen in anderen Ländern und eine Aufbesserung des sozialen Status in Polen durch Rückkehrmigration im Sinne der Neuen Arbeitsökonomie. Diese Erkenntnisse weisen darauf hin, dass das Konzept der relativen Deprivation auf Ländergruppen hinaus ausgedehnt werden sollte. Die Beschränkung auf relative Unterschiede innerhalb von Nationalstaaten scheint in der erweiterten EU nicht länger aktuell zu sein.

Hier wird eine Verbindung zum Ansatz der strukturellen/anomischen Spannungen deutlich, der betont, dass im Zusammenhang mit Migrationsbewegungen größere soziale Zusammenhänge einbezogen werden müssen. Die gesellschaftliche Unzufriedenheit in Polen besonders unter jungen und akademisch gebildeten Menschen kann als strukturelle Spannung bezeichnet werden, da ein Missverhältnis zwischen den Erwartungen der Bürger an ihre politischen Vertreter und der Erfüllung dieser Erwartungen besteht. Ähnliche Spannungen, jedoch massiverer Art, bestanden in den 1980er Jahren, als die intensiven illegalen Emigrationsbewegungen die Unzufriedenheit mit dem politischen System bekundeten.

Der Vergleich zwischen der Zeit vor 1989 mit heutigen Bedingungen zeigt eine bedeutende Veränderung auf. In der Zeit des Kalten Krieges versuchten die polnischen Machthaber durch strikte Auswanderungspolitiken für polnische Bürger und die gleichzeitige Ermöglichung der Auswanderung von Angehörigen anderer ethnischer Gruppen bzw. von nicht staatstreuen Polen, einen ethnisch homogenen polnischen Staat zu schaffen. Lange Zeit ging die Auswanderung aus Polen so mit der Entscheidung gegen die polnische Staatsangehörigkeit einher (vgl. 4.3).[304] Heutige Migrationsprozesse aus Polen hingegen sind häufig zeitlich begrenzt und beinhalten weder eine dauerhafte Entscheidung gegen Polen noch eine Entscheidung für ein anderes Land. Sie unterliegen den Vorgängen, die in der Theorie der Neuen Arbeitsökonomie beschrieben werden und betonen, dass durch Migration nutzbringende Verbindungen zwischen den betroffenen Ländern geschaffen werden können.

Im Jahr 1989 ist ein entscheidender Wendepunkt in Bezug auf die polnische Emigration zu sehen. Seit diesem Jahr ermöglichen veränderte politische Rahmenbedingungen neue Formen der Migration und die Nutzung ihrer Vorteile. Der EU-Beitritt Polens 2004 erscheint als eine logische Konsequenz des mit dem Fall des Eisernen Vorhangs eingeleiteten Prozesses, auch im Hinblick auf Wanderungsprozesse. Einige migrationsspezifische Charakteristika von vor 1989 wie die Migration junger Hochqualifizierter wiederholen sich, während andere, wie die Möglichkeit der legalen und qualifizierten Arbeit in anderen EU-Ländern, neu hinzutreten. Zusätzlich bleibt die nach 1989 etablierte Wanderung gering qualifizierter polnischer Arbeitskräfte zu Zwecken der Saisonarbeit erhalten. So kann die polnische Migration nach 2004 als eine durch politisch-rechtliche

---

[304] Dieses Vorgehen wird durch den politikwissenschaftlichen Ansatz der *Forced Migration* beschrieben. Er beschreibt kulturelle Homogenität als unteilbares öffentliches Gut, das den Staat dazu veranlasst, Angehörige anderer kultureller bzw. ethnischer Gruppen zu vertreiben oder auszuweisen. Oftmals gehen solche Vertreibungsmaßnahmen zusätzlich mit einem zeitgleichen Verbot der Auswanderung für den Rest der Bevölkerung einher, um den Erhalt des Staates und gleichzeitig die ideologisch einheitliche Positionierung seiner Bewohner zu sichern. Quelle: Lebhart (2002): 27f.

Rahmenbedingungen neu gestaltete Fortsetzung bzw. als Kombination der Prozesse vor und nach 1989 bezeichnet werden. Die in den 1990er Jahren eingeleitete wirtschaftliche Transformation kann als im Großen und Ganzen abgeschlossen bezeichnet werden, ihre Folgen sind jedoch in Polen noch stärker zu spüren als in anderen mittel- bzw. osteuropäischen Ländern. Die Neue Arbeitsökonomie ermöglicht die Erklärung von Migration in Zeiten des wirtschaftlichen Umbruchs und eignet sich für die Deutung dieses Prozesses. Es ist anzunehmen, dass sich die ökonomische Situation in Polen mit der Zeit an die der anderen Mitgliedstaaten annähern und die Stärke der Migration in diesem Zusammenhang nachlassen wird.

Die gegenwärtige polnische Migration zeichnet sich durch begrenzte Dauer und hohe Rückkehrquoten aus. Nicht abzusehen ist, inwiefern die Entstehung von Netzwerken in den neuen Zielländern für eine Aufrechterhaltung von Migrationsströmen und die Umwandlung von ursprünglich temporär geplanter in dauerhafte Auswanderung sorgen wird. Sowohl die Neue Arbeitsökonomie als auch die Netzwerkthese beziehen ein, dass Migrationsströme auch dann erhalten bleiben können, wenn die ursprünglichen Wanderungsgründe nicht weiter bestehen (vgl. 2.1 bzw. 2.2). Die Veränderungen in Bezug auf die Charakteristika der Migranten, d.h. die steigende Zahl verheirateter Auswanderer und die steigende Zahl polnischer Geburten in Irland und Großbritannien[305], können als Hinweis auf eine Verstetigung von Migrationsprozessen im Sinne von Familiennachzug gedeutet werden. Die größeren Chancen seit 2004, qualifizierte und legale Arbeit in anderen Ländern zu finden und somit eine Zukunftsperspektive zu erhalten, können diese Annahme untermauern. Allerdings deuten die Erkenntnisse aus den ausgewerteten Studien darauf hin, dass die Situation in Polen selbst entscheidend dafür sein wird, wie sich die Migration entwickelt, und dass eine Verbesserung der Lage im Heimatland die meisten Migranten zu einer Rückkehr veranlassen wird. Die EU-weite Tendenz, dass Wanderungsbewegungen stagnieren, sobald sich die Wirtschaftsstrukturen zwischen den betroffenen Ländern angleichen, wird mit großer Wahrscheinlichkeit auch im Fall Polens eintreten. In diesem Fall würden anschließend, wie es in Bezug auf die EU-15 bereits der Fall ist, die Annahmen des Heckscher-Ohlin-Theorems zutreffen und verstärkter Handel in einem relativ homogenen Wirtschaftsraum die Migrationsbewegungen ersetzen. Ein Migration initiierendes Kräftefeld wäre dann auch innerhalb der EU-25 nicht mehr vorhanden.

---

[305] Pszczółkowska (2006): Die Zahl der ausgestellten Pässe an neugeborene polnische Kinder stieg in Dublin von 8 (2004) auf 249 (2005) und 1.050 (Prognose für 2006), in London betrug sie 2006 1.300 (Prognose). Hinsichtlich temporärer Migration werden diese Zahlen als ungewöhnlich hoch eingeschätzt.

Genau wie vor 2004 muss im Zusammenhang mit polnischer Migration in der EU weiterhin die Duale Arbeitsmarkttheorie Beachtung finden, die von einer strukturellen Nachfrage nach unqualifizierten Arbeitskräften in wirtschaftlich hoch entwickelten Industrieländern ausgeht. Die Polen stellen unter allen Saisonarbeitern die größte Gruppe. Besonders in Bezug auf Deutschland wird deutlich, dass die Annahmen der Theorie zutreffen: Da die bestehende Nachfrage nicht durch deutsche Arbeitnehmer gedeckt werden kann, bzw. da deutsche Arbeitnehmer nicht bereit sind, die anfallende Arbeit zu den gegebenen Bedingungen auszuführen, werden ausländische Arbeitnehmer importiert. Die Annahme der neoklassischen Ökonomie, hohe Nachfrage führe zu Lohnerhöhungen, trifft in diesem Fall nicht zu. Die strukturelle Nachfrage scheint innerhalb der EU tatsächlich zu bestehen, da viele Mitgliedstaaten trotz bestehender Übergangsbeschränkungen Saisonarbeitskräfte aus anderen Ländern anwerben. Es handelt sich hier um stark nachfrageorientierte Migration. Eine Unzulänglichkeit der Dualen Arbeitsmarkttheorie in der Anwendbarkeit auf die polnischen Wanderungen wird deutlich, wenn die Zukunftschancen der Migranten einbezogen werden. Die Theorie geht davon aus, dass die importierten Arbeitskräfte eher bereit sind, die gering qualifizierte Arbeit auszuführen, weil diese zeitlich konzentriert ist und als reiner Lohnerwerb betrachtet wird. So werden keine Zukunftsperspektiven wie beruflicher Aufstieg o.ä. erwartet, und der Anspruch an die Arbeitsbedingungen ist gering. Die neuen Entwicklungen der polnischen Migration seit 2004 zeigen, dass sich die Erwartungen der Migranten im Laufe der Zeit verändern und Zukunftsperspektiven an Bedeutung gewinnen. Durch die Öffnung neuer Märkte, die auch qualifizierte Arbeit bereithalten, ist der Anteil der polnischen qualifizierten im Verhältnis zur unqualifizierten Migration erheblich gestiegen. Auch haben sich die Gehaltsvorstellungen im Laufe der Zeit verändert und ist die Bereitschaft zu illegaler Arbeit gesunken (vgl. 4.4.4). Trotz dieser Veränderungen bleibt ersichtlich, dass ausländische Arbeiter schlechter in der Lage sind, Humankapital in berufliche Statusverbesserungen zu verwandeln.[306] Auch die hoch qualifizierten polnischen Arbeitskräfte im Vereinigten Königreich und in Irland sind häufig in unqualifizierten Arbeitsverhältnissen deutlich unterhalb ihrer Qualifikation angestellt. Für die Zukunft sind zwei Szenarien denkbar: Entweder erhöht sich die Chance auf qualifizierte Arbeit in der EU für gut ausgebildete Polen, oder die polnischen Migranten verweigern sich der Saisonarbeit bzw. kehren in ihr Herkunftsland zurück, sobald sich die Arbeitsmarktlage dort verbessert. In beiden Fällen ist davon auszugehen, dass die bisherige Rolle der Polen, unqualifizierte Arbeit im EU-Ausland zu ü-

---

[306] Vgl. Fihel et al (2006): 53

bernehmen, mit der Zeit anderen Migrantengruppen zufallen wird. Im Hinblick auf die EU müsste in der Dualen Arbeitsmarkttheorie also der Punkt expliziert werden, dass der sekundäre Sektor des Arbeitsmarktes von Migranten aus immer wechselnden Herkunftsländern ausgefüllt wird, in Abhängigkeit von der dortigen Wirtschaftslage, und dass die EU-Staaten an sich diese Rolle nicht mehr übernehmen, sobald sich ihr wirtschaftlicher Standard angeglichen hat.

An der Entwicklung der Migrationsprozesse innerhalb der EU ist klar erkennbar, dass die demographischen und geographischen „Gesetzmäßigkeiten" von Ravenstein in der heutigen Zeit nicht mehr aktuell sind. Die technischen Fortschritte insbesondere im Bereich des Verkehrswesens lassen jede Entfernung überwindbar werden und ermöglichen die schnelle, unkomplizierte und relativ kostengünstige Migration über weite Strecken hinweg. Innerhalb der Europäischen Union spielt die Entfernung keine wichtige Rolle mehr. Die geographische Nähe, die zu früheren Zeiten Migrationsprozesse erleichtert hat, stellt kein entscheidendes Kriterium mehr da. Dies wird besonders an der neuen Bedeutung Großbritanniens und Irlands als Zielländer polnischer Migration deutlich. Die Entfernung spielt eine weit geringere Rolle als wirtschaftliche Unterschiede oder politisch-rechtliche Rahmenbedingungen. Die Erleichterungen in diesem Bereich im Verlauf der Europäisierung haben dazu geführt, dass Migration innerhalb der Europäischen Union unkomplizierter ist als zwischen anderen (auch geographisch näher beieinander liegenden) Nationalstaaten. Die Beseitigung von Mobilitätshindernissen hat die Bedingungen der EU-internen Migration einen eher regionalen als internationalen Charakter annehmen lassen.

Die Bedeutung des Transnationalismus' steigt laut Pries[307] im Zusammenhang mit der Globalisierung und der verstärkten Arbeitsmigration. Auf der Suche nach einer Verknüpfung des Ansatzes mit dem Prozess der Europäisierung (als einem Bestandteil der Globalisierung) liegt der Gedanke nahe, die Unkompliziertheit der Wanderungen innerhalb der EU könnte dazu führen, dass Migration sich zu einer Daseinsform entwickelt und zu einem Bestandteil des supranational geprägten Lebens wird. Das Konzept der Deterritorialisierung von Nationalstaaten mag im Hinblick auf die EU sinnvoll erscheinen, da Rücküberweisungen eine wichtige Rolle spielen und die kurzen zu überwindenden Entfernungen die Aufrechterhaltung des Kontakts mit dem Heimatland vereinfachen. Jedoch können die Annahmen des Transnationalismus-Konzepts in Bezug auf die Europäische Union zum jetzigen Zeitpunkt nicht uneingeschränkt bestätigt

---

[307] Vgl. Pries (2001): 49ff.

werden. Zwar wird die Zugehörigkeit zu einem Nationalstaat durch die EU-Politiken immer unwichtiger; dies wurde durch die Einführung der U-nionsbürgerschaft betont.[308] Allerdings zeigt die geringe Rolle der Migration innerhalb der EU insgesamt, dass die Nationalstaatlichkeit für die Menschen das entscheidende Konzept bleibt und dass die Öffnung der Grenzen nicht zu einem freien Austausch von Personen führt, wie er im Fall von Kapital, Waren und Dienstleistungen herrscht. Migration wird trotz der Erleichterungen durch die EU-Politiken bisher nicht als selbstverständlicher Teil des Lebens betrachtet. Zwar ist die EU ein supranationaler Raum, jedoch bleibt die Überschreitung von Nationalstaaten durch *Menschen* eine Ausnahme. Das Entstehen transnationaler sozialer Räume im Sinne Pries' ist so nicht möglich. Konzepte, die die Entstehung dieser Räume durch ein gemeinsames Wir-Gefühl betonen, werden im Hinblick auf die EU als unzutreffend eingeschätzt. Theoretisch wäre denkbar, dass die EU sich zu einem Raum des Transnationalismus im Sinne Baschs et al.[309] weiterentwickelt. Durch Mobilitätserleichterungen im Sinne von gut ausgebauter, den Transfer erleichternder Infrastruktur sowie die Visumsfreiheit und Arbeitserlaubnis in anderen EU-Ländern stellt das Konzept der deterritorialisierten Nationalstaaten eine mögliche Zukunftsvision für die Europäische Union dar. Momentan ist dies jedoch nicht abzusehen. Im Gegenteil wird vermutet, dass sich die Bedeutung von Heimatnetzwerken, d.h. von Netzwerken im Herkunftsland anstelle von Netzwerken *zwischen* Herkunfts- und Zielland, im Zuge der zunehmenden Europäisierung weiter verstärken wird, und dass diese immer stärkeren Einfluss auf Migrationsentscheidungen nehmen werden.

Im Jahr 2011 wird die EU-15 ihre Märkte vollständig für alle 2004 der EU beigetretenen Länder öffnen. Erst in den Folgejahren wird sich zeigen, inwiefern die dann mögliche Freizügigkeit im gesamten EU-Raum die Migrationsbeziehungen neu gestalten wird. Die polnische Migration wurde sowohl vor und nach 1989 und wird auch nach 2004 vorwiegend durch Makro-Faktoren determiniert. Die wirtschaftliche und politische Lage in Polen ist das ausschlaggebende Element für oder gegen Migration. Inwiefern sich Faktoren auf der Mikro- oder Meso-Ebene verselbstständigen werden, ist zum jetzigen Zeitpunkt unklar. Momentan scheinen ökonomische Theorien auszureichen, um polnische Migrationsprozesse innerhalb der Europäischen Union zu deuten. Das Zitat von Krystyna Iglicka mit der Aussage, internationale Migration aus Polen erfülle einen hauptsächlich

---

[308] Die Unionsbürgerschaft wurde 1992 mit dem Vertrag von Maastricht als Ergänzung zur nationalen Staatsbürgerschaft eingeführt.

[309] Für ausführlichere Informationen zum Konzept der deterritorialisierten Nationalstaaten vgl. Basch et al. (1992) sowie Basch et al. (1995).

wirtschaftlichen Zweck („International migration still seems to be a means to accumulate wealth and money.", vgl. Kapitel 1) hat seine Aktualität auch nach 2004 nicht verloren. Andere als ökonomische Faktoren werden mit großer Wahrscheinlichkeit erst in dem Moment entscheidend werden, in dem die im Vergleich zu anderen Staaten herrschende Deprivation in Polen keinen alleinigen Migrationsanreiz mehr darstellt. Die wanderungshemmende Wirkung von Netzwerken im Heimatland, wie sie in Bezug auf die EU-Binnenmigration bis 2004 festgestellt wurde, ist den wirtschaftlichen Push-Faktoren zum jetzigen Zeitpunkt nachgeordnet. Die Eurobarometer-Umfrage 2005 belegt, dass soziale Faktoren für die Menschen aus den neuen Mitgliedsländern eine weit geringere Rolle spielen als für die Bürger der EU-15 (vgl. 4.4.5). Die Dominanz temporärer Migration im Fall Polens deutet nichtsdestotrotz auf die Einbeziehung sozialer Faktoren bei der Migrationsentscheidung hin. Sind Migrationsprozesse einmal initiiert, ist allerdings unklar, in welche Richtung sie sich entwickeln. Ebenso wie eine dauerhafte geplante Migration als Rückkehrmigration enden kann, kann die Etablierung von Netzwerken im Ankunftsland, sowohl im privaten als auch im beruflichen Bereich, eine möglicherweise geplante Rückkehr verhindern.

Da sich die polnischen Migrationsprozesse im Laufe der Zeit mit großer Wahrscheinlichkeit denjenigen innerhalb der EU-15 bis 2004 angleichen werden, welche mit Hilfe existierender Theorien gedeutet werden können (s.o.), sind keine grundlegend neuen Anfragen an diese zu stellen. Spätestens sobald der wirtschaftliche Angleichungsprozess zwischen Polen und anderen EU-Mitgliedstaaten voranschreitet und Auswirkungen im Sinne verminderter Migrationsbewegungen zeigt, gelten dieselben Schlussfolgerungen wie für die EU-interne Migration vor 2004: Der Blickwinkel der Untersuchungen sollte verändert werden. Bereits bevor dieser Angleichungsprozess abgeschlossen ist, sollte der Schwerpunkt von Untersuchungen EU-interner Migration auf der Frage nach den Faktoren für das *Ausbleiben* von Migration liegen. Hierbei wird die Rolle von Heimatnetzwerken als bedeutsam eingeschätzt. Während die bestehenden Theorien eher die zunehmende Bedeutung von Netzwerken in der Aufnahmegesellschaft bzw. zwischen Herkunfts- und Aufnahmegesellschaft betonen, wäre eine intensivere Beschäftigung mit der Frage interessant, inwiefern sich die Bedeutung von Heimatnetzwerken als ein ‚Gegenpol' zur Europäisierung und allgemein der Globalisierung verstärkt.

Auch dem Konzept der relativen Deprivation wird in diesem Zusammenhang große Bedeutung beigemessen. Im Fall der mittel- und osteuropäischen Staaten kann es sowohl die relativ starke Migration aus Polen, Litauen und der Slowakei als den wirtschaftlich schwächsten Staaten der

Gruppe, als auch die relativ schwache Migration aus den wirtschaftlich starken Neumitgliedern der EU wie Slowenien erklären. Allerdings muss hierzu seine Limitierung auf eine innerstaatliche Vergleichbarkeitsbasis aufgehoben werden. Im Hinblick auf den Flächenraum EU und besonders die gemeinsame Geschichte der neu beigetretenen mittel- und osteuropäischen Staaten schränkt diese seine Erklärungskraft ein.

6. Diskussion: Schafft die EU-Mitgliedschaft neue Formen der Migration?

Die Osterweiterung im Jahre 2004 hat die EU in vielerlei Hinsicht heterogener werden lassen. Zuvor bestand die Gemeinschaft aus 15 wirtschaftlich sehr ähnlich entwickelten Staaten. Die acht mittel- und osteuropäischen Beitrittsländer hingegen durchlebten ab 1989 einen wirtschaftlichen und politischen Transformationsprozess, dessen Folgen zum Teil bis heute spürbar sind. Auch in kultureller Hinsicht wurde die Europäische Union erweitert.

Während sich die EU-Binnenmigration bis 2004 auf einem eher niedrigen Niveau abspielte und in der Regel auf den Austausch von Führungskräften beschränkt blieb, sind seit 2004 verstärkte Wanderungen aus den neuen Mitgliedsländern, insbesondere aus Polen, aber auch aus Litauen und der Slowakei, zu verzeichnen. Andere Neumitglieder wie Slowenien hingegen haben auf die neuen möglichen Wanderungsziele durch die Arbeitsmarktöffnungen Großbritanniens, Irland und Schwedens nicht mit intensivierter Migration reagiert. Im Hinblick auf Migrationsprozesse kann von daher nicht von den neuen Mitgliedsländern als einer homogenen Gruppe gesprochen werden. Die Trennlinie in der Gruppe verläuft klar entlang ökonomischer Kriterien. Während sich Slowenien durch stabiles Wachstum und konstant niedrige Arbeitslosenzahlen auszeichnet, bilden Polen und die Slowakei wirtschaftlich gesehen die Schlusslichter der Neumitglieder. Litauen, lange Zeit von ähnlichen ökonomischen Problemen geprägt, weist inzwischen sogar eine niedrigere Arbeitslosenquote auf als Slowenien. Parallel dazu ging die Migration nach Großbritannien aus Litauen wie aus einigen anderen Ländern der EU-8 im Jahre 2006 stark zurück (vgl. 4.4.4).

Die polnische Migration hingegen hält weiter an. In allen neuen Zielländern bilden Polen unter den Migranten aus den neuen Mitgliedstaaten die größte Gruppe. Sowohl die Daten zur polnischen Arbeitsmarktlage als auch in Polen geführte Umfragen zeigen, dass wirtschaftliche Gründe den wichtigsten Push-Faktor für polnische Wanderungsprozesse darstellen. Dieses Merkmal lässt sich weit zurückverfolgen. Auch bis zum Ersten Weltkrieg war polnische Migration hauptsächlich ökonomisch motiviert. Allerdings handelte es sich dabei in der Regel um permanente Migration. Vom Ersten bis nach dem Zweiten Weltkrieg folgten Phasen der Umsiedlung, Deportation und Vertreibung, und von 1945 bis 1989 sollten Wanderungen mit Ausnahme der Aussiedlerausreise von offizieller Seite unterbunden werden.

Für Polen lässt sich über die gesamte hier betrachtete Zeitspanne eine hohe Migrationsbereitschaft konstatieren. Polnische Migranten bildeten nicht nur unter den Aussiedlern bis 1989 die größte Gruppe (vgl. 4.3), sondern nutzten auch die neuen bilateralen Verträge, die Anfang der 1990er Jahre mit westeuropäischen Ländern geschlossen wurden, in hohem Maße und stellen bis heute den größten Teil der Saisonarbeiter in Deutschland. Die Möglichkeit des Auswanderns in neue Zielländer in den 1990er Jahren wurde von der polnischen Bevölkerung wahrgenommen. Sie war offen für Wanderungen in neue Richtungen unter veränderten Bedingungen. Diese Entwicklung wird dadurch fortgesetzt, dass Polen auch 2004 die größte Migrantengruppe unter den neuen Mitgliedstaaten der EU stellen. Wieder haben sich neue Zielländer aufgetan, wieder haben politisch-rechtliche Regelungen die Grundbedingungen für Migration verändert und erleichtert.

Über die Zeit hinweg kann festgehalten werden, dass polnische Wanderungen hauptsächlich durch Makro-Bedingungen determiniert werden, und dass Push-Faktoren entscheidender sind als Pull-Faktoren. So ist die Dauer von Wanderungsprozessen stark abhängig von der Situation in Polen selbst. Dies zieht sich durch die gesamte Migrationsgeschichte und ist kein nach 2004 neu entstandenes Phänomen.

Zusammenfassend ist die polnische Migration durch ein Wechselspiel aus Kontinuität und Wandel zu kennzeichnen. Einige der während der starken Wanderungsbewegungen der 1980er Jahre aufgetretenen Charakteristika der Migration scheinen sich nach 2004 zu wiederholen. So ist der Großteil der heutigen Migranten wieder jung und gut ausgebildet, anders als während der Transformationszeit. Die während der 1990er Jahre entstandenen Migrationsbeziehungen zwischen Deutschland und anderen Ländern, die auf die Anwerbung von Saisonarbeitern angewiesen sind, bestehen fort. Die Menschen, die an diesen Prozessen teilhaben, sind überwiegend gering qualifiziert und gehören älteren Altersgruppen an. Ein entscheidender Unterschied zwischen Migrationsprozessen vor und nach 1989 ist die Ergänzung der permanenten Auswanderung um vielfältige Formen der temporären Migration bis hin zu einer Dominanz von Wanderungen mit einer Dauer unter 12 Monaten seit dem Jahr 2000 (vgl. 4.4.1). Neue politisch-rechtliche Rahmenbedingungen, die durch den Fall des Eisernen Vorhangs eingeleitet wurden und sich während der Transformationszeit weiter entwickeln und ausgestalten ließen, führten zu einer Diversifizierung von Migrationsprozessen, denen jedoch ihre vorrangig ökonomischen Impulse (mit Ausnahme der politisch motivierten Migration der 1980er Jahre) gemein blieben.

Bis 1989 waren auch die ethnische Migration infolge der Umsiedlungs- und Vertreibungsmaßnahmen nach dem Zweiten Weltkrieg sowie der später einsetzende Familiennachzug von großer Bedeutung. Seither verlagerte sich die polnische Motivation zur Migration allerdings auf ökonomische Aspekte, und die Wanderungen infolge früherer politischer Bedingungen spielen keine große Rolle mehr. Somit stellt 1989 den entscheidenden Wendepunkt im Hinblick auf polnische Wanderungen dar. Das Jahr des EU-Beitritts 2004 ist lediglich eine logische Folge der im Jahr 1989 neu gestellten Weichen.

In der gesamten EU entscheiden hauptsächlich ökonomische Bedingungen über das Ausmaß der Migration. Diese Tendenz war seit der EWG-Gründung 1957 zu erkennen und setzt sich auch nach 2004 fort. Nach jeder Erweiterung vor der Jahrtausendwende ging das Volumen der Wanderungen zurück, sobald sich die wirtschaftlichen Strukturen der Neumitgliedsländer denen der alten EU-Staaten angenähert hatten. So hat die fortschreitende Europäische Integration Wanderungen vermindert, anstatt sie zu fördern. Die Ziele der Angleichung der wirtschaftlichen Verhältnisse und der Intensivierung des Handels zwischen den Mitgliedstaaten standen im Vordergrund der Europäischen Integrationsgeschichte. Migration als Instrument zum Ausgleich von Marktungleichheiten, wie es die neoklassische Theorie vorsieht, spielte eine untergeordnete Rolle (vgl. Kapitel 3). Push-Faktoren in den Herkunftsländern waren entscheidender als Pull-Faktoren in den Zielländern, bzw. wurden letztere erst in dem Moment ausschlaggebend, in dem sie durch Push-Faktoren ergänzt wurden und so ein Kräftefeld entstehen konnte.

Da auch nach der Osterweiterung die Wanderungsbewegungen aus den wirtschaftlich schwächsten Ländern am stärksten und aus den anderen unerheblich sind, ist davon auszugehen, dass sich die früheren Entwicklungen wiederholen und die Wanderungen aus dem Raum der EU-8 nachlassen bzw. versiegen werden, sobald in allen mittel- und osteuropäischen Mitgliedsländern eine wirtschaftliche Konsolidierung und eine verstärkte Angleichung der Lebensbedingungen zu verzeichnen ist. Auch die Dominanz der temporären Migration spricht für diese Annahme. Über die gesamte polnische Migrationsgeschichte hinweg haben sich staatliche Regulierungen und Rahmenbedingungen als bedeutsamer erwiesen als andere, z.B. politische Faktoren (vgl. 4.3). Die Makro-Ebene spielt in Bezug auf die polnischen Wanderungsprozesse die entscheidende Rolle.

Auch der Großteil der Veränderungen, die nach 2004 zu beobachten sind, lässt sich auf den EU-Beitritt und dessen Rahmenbedingungen zurückführen: Die Öffnung der Arbeitsmärkte in Großbritannien und Irland bietet neue und besser bezahlte Beschäftigungsmöglichkeiten für junge und gut ausgebildete Polen. Der Prozess der Wanderung wird durch die Visums- freiheit und Arbeitserlaubnis, die mit der Arbeitnehmerfreizügigkeit ver- bunden sind, deutlich erleichtert. Durch den neu erlangten Status des EU- Bürgers können die Migranten legale Arbeit finden bzw. ihren zuvor ille- galen Aufenthalt in einem Land der EU-15 legalisieren. Obwohl diese Ver- änderungen jedoch durch die EU-Strukturen erklärbar sind, wurden sie vor der Osterweiterung nicht in diesem Ausmaß erwartet. Eher wurde angenommen, dass sich die in den 1990er Jahren etablierten Migrations- beziehungen, die in großem Maße von unqualifizierten Arbeitskräften ge- tragen wurden und häufig illegal waren, verstärken würden (vgl. 4.4). Zwar blieben diese Strukturen erhalten, sie wurden jedoch um einen zweiten Strang ergänzt, der mit den jungen und hoch qualifizierten Ar- beitskräften die wirtschaftlich wichtigsten Schichten Polens betrifft. Auf- fällig ist, dass die gute Ausbildung vieler polnischer Migranten nicht au- tomatisch eine qualifizierte Anstellung zur Folge hat, sondern dass die Annahme der Dualen Arbeitsmarkttheorie, dass sich der Arbeitsmarkt un- ter dem Zustrom von Migranten in zwei Sektoren teilt und eine Differen- zierung von Arbeitskräften zur Folge hat, auch nach 2004 zuzutreffen scheint. Es ist allerdings zu vermuten, dass die unqualifizierte Arbeit nur solange von den überqualifizierten Arbeitskräften akzeptiert werden wird, wie der Lohnunterschied zwischen Polen und Großbritannien bzw. Irland dies provoziert.

Eine weitere Neuerung gegenüber vorherigen Erweiterungen ist das gro- ße Ausmaß polnischer Migration nach Irland und Großbritannien. Bisher sind durch EU-interne Migration keine Netzwerke in bzw. zwischen EU- Staaten entstanden. EU-Binnenmigration zeichnete sich durch einen ho- hen Anteil Hochqualifizierter, durch Arbeitsmigration in Verbindung mit der Etablierung multinationaler Konzerne und durch hohe Rückwande- rung aus. Im Rahmen dieser Migration entstanden keine Beziehungen zwischen Sende- und Empfängerländern bzw. existierten keine konzent- rierten Wanderungsströme zwischen bestimmten Herkunfts- und Zielge- bieten. Dies ist vor allem damit zu begründen, dass die Öffnung der Märk- te nur *einzelner* Mitgliedstaaten für Neumitglieder der EU im Jahr 2004 erstmalig vorgenommen wurde. So wurden Wanderungsströme gezielt gelenkt. Bei keiner vorangehenden Erweiterungsrunde haben sich die Mitgliedstaaten in dieser Weise differenziert. Durch die sich seit 2004 entwickelnden und konstant verstärkenden konzentrierten Migrati- onsströme von Polen in die zwei neuen Zielländer können Netzwerke ent- stehen und dafür sorgen, dass sich die Wanderungsprozesse verstetigen. Beispielsweise können Erfahrungsberichte von Migranten – sowohl nach ihrer Rückkehr als auch während ihres Auslandsaufenthaltes – einen Anreiz für weitere Menschen in Polen darstellen, in Migrationsprozesse zu investieren. Durch immer dichtere und effizientere Netzwerke kann sich ursprünglich temporär geplante Migration im Laufe der Zeit als dauerhafte Auswanderung erweisen. Sowohl die Neue Arbeitsökonomie als auch die Netzwerkthese und der Ansatz der kumulativen Verursachung können diese Verselbständigung von Wanderungsprozessen erklären. Sie implizieren, dass Entscheidungen reversibel sind und beziehen Veränderungen über die Zeit mit ein. Ob Verstetigungsprozesse in Bezug auf die Wanderungen zwischen Polen und Großbritannien bzw. Irland eintreten, bleibt abzuwarten. Das wachsende Ausmaß permanenter polnischer Migration seit 2005 sowie die steigende Zahl von verheirateten Migranten und Geburten außerhalb Polens stellen Indizien dafür dar, dass zumindest ein Teil der polnischen Migranten nicht dem Typus des Remigranten, sondern dem des Immigranten bzw. Emigranten zuzuordnen ist (vgl. 2.2).

Sollten in Bezug auf polnische Migration Verstetigungsprozesse in der Form eintreten, dass sich immer mehr derjenigen Polen, die infolge der Osterweiterung migriert sind, zu einem dauerhaften Leben in Großbritannien bzw. Irland entschließen, hätte die EU durch ihre die Migration vereinfachenden Regelungen neue Migrationsbeziehungen geschaffen, deren weitere Entwicklung momentan jedoch nicht absehbar ist. Migration innerhalb der EU wäre dann vor dem spezifischen Hintergrund des Binnenraums EU und der in ihr herrschenden vereinfachten Mobilität zu sehen. Politisch-rechtliche Regelungen wie die vier Grundfreiheiten oder das Recht auf den relativ unkomplizierten Bezug von Sozialleistungen in einem anderen EU-Land sowie infrastrukturelle Bedingungen, die schnelle und kostengünstige Transfers ermöglichen, sind hierbei von besonderer Bedeutung. Durch diese Strukturen können Migrationsprozesse intensiviert und somit Netzwerkbildungen begünstigt werden.

Die geographischen und demographischen „Gesetzmäßigkeiten" Ravensteins (vgl. 2.1), die von einer Abhängigkeit der Migrationsintensität von der jeweils zurückgelegten Entfernung ausgingen, sind im Zuge der modernisierten Technologie und der Weiterentwicklung der Transportmöglichkeiten bis hin zu kostengünstigen Flügen innerhalb der EU als nicht mehr zutreffend einzuordnen. Geographische Distanz stellt keinen Hinderungsgrund für Wanderungen mehr da. Die Überwindung von Flugstrecken innerhalb der EU unterscheidet sich nicht mehr von der innerhalb von Nationalstaaten. Die Modernisierung hat dazu beigetragen, dass die EU-Binnenmigration in diesem Punkt eher regionalen als internationalen Charakter trägt.

Das Transnationalismus-Konzept im Sinne einer Deterritorialisierung von Nationalstaaten stellt eine mögliche Zukunftsvision für Migration innerhalb der EU dar. Die Nationalgrenzen verlören an Bedeutung, und die Verbundenheit mit einer Nation würde nicht mehr räumlich, sondern sozial strukturiert. Ursprünglich aus ökonomischen Beweggründen eingeleitete Migrationsprozesse könnten sich theoretisch in diese Richtung entwickeln. Inwiefern dies eintreten wird, ist zu diesem Zeitpunkt jedoch nicht abzusehen. Es erscheint angemessener, in Bezug auf die EU-Binnenmigration auf die Neue Arbeitsökonomie in Verbindung mit der Netzwerkthese zurückzugreifen. Ähnlich wie das Transnationalismus-Konzept hebt die Neue Arbeitsökonomie die Bedeutung von Rücküberweisungen hervor. Diese können der Risikodiversifizierung innerhalb einer Gruppe dienen und verdeutlichen so die Verbundenheit dieser über Staatsgrenzen hinweg. Anders als das Transnationalismus-Konzept stehen bei der Neuen Arbeitsökonomie jedoch nicht soziale Felder im Vordergrund, die auf der Meso-Ebene zwischen bzw. oberhalb der Grenzen von Nationalstaaten entstehen (vgl. 2.2), sondern ein ökonomisches Anliegen. Dies erscheint als ein hinsichtlich der beobachtbaren Entwicklungen zutreffendes Konzept. Polnische Migration ist eindeutig ökonomisch motiviert und, soweit dies momentan einschätzbar ist, nicht auf Verstetigungsprozesse angelegt, sondern zeitlich begrenzt.

Die Annahmen der neoklassischen Theorie jedoch, die auf rein wirtschaftliche Gründe beschränkt bleibt und Arbeitskräften rein rationales Handeln unterstellt, sind zu eng gefasst. Sie werden von der Neuen Arbeitsökonomie sinnvoll um den Hinweis auf die Einbettung in Netzwerke und die Bedeutung der relativen Deprivation ergänzt. An die bestehenden Theorien müssen keine grundlegend neuen Anfragen gestellt werden, insofern diese beiden Konzepte um einige Aspekte ergänzt werden:

Zuerst einmal ist die Bedeutung des sozialen Kapitals, das sich in Netzwerken widerspiegelt, in Bezug auf die EU hervorzuheben, da dieses die geringe Binnenmigration zu deuten hilft. Es wird vermutet, dass die Einbettung in Heimatnetzwerke sich in dem Maße verstärkt, in dem Globalisierungsprozesse (bzw. der Europäisierungsprozess) einst klar definierte Grenzen verschwimmen lassen. Soziale Beziehungen im Herkunftsland werden so im Laufe der Europäisierung bedeutsamer und haben hemmende Wirkung in Bezug auf Migrationsentscheidungen. Diese sozialen Netzwerke scheinen entscheidender zu sein als Differenzen in Bezug auf die Lohnhöhe oder die allgemeine Wirtschaftsentwicklung, sofern diese eine bestimmte Grenze nicht überschreiten (s.u.). So lässt sich mit Hilfe dieses Ansatzes auch die geringe regionale Migration innerhalb der EU trotz fortbestehender Unterschiede erklären. Es wird als bedeutsam eingeschätzt, die Rolle der Heimatnetzwerke in der Forschung stärker in den Vordergrund zu rücken und den Zusammenhang zwischen der fortschreitenden Europäisierung und verminderter Migrationsbereitschaft zu untersuchen. Die Konzentration auf die Netzwerke im potentiellen Zielland bzw. zwischen Herkunfts- und Zielland erscheint unzureichend.

Auch das Konzept der relativen Deprivation muss ein wenig modifiziert werden. Es eignet sich zur Deutung sowohl der geringen Emigration aus wirtschaftlich starken EU-Staaten wie Slowenien als auch der intensiven Emigration aus wirtschaftlich schwächeren EU-Staaten, in diesem Fall aus Polen, Litauen und der Slowakei. Um das Konzept anwendbar zu machen, muss es jedoch über Nationalgrenzen hinaus auf Ländergruppen ausgedehnt werden. Die gemeinsame Geschichte sowie der gleichzeitige EU-Beitritt der acht mittel- und osteuropäischen Staaten lassen es wahrscheinlich erscheinen, dass diese Länder sich als Gruppe empfinden, und dass innerhalb dieser Gruppe verstärkte Vergleichsprozesse auftreten. Die Schlussposition, die Polen in Bezug auf wirtschaftliche Kriterien im Gruppenvergleich innehat, erhöht die empfundene relative Deprivation und löst Migrationsprozesse aus. In EU-8-Staaten, die zwar im Hinblick auf die gesamte EU-25 mit erheblichen Lohnunterschieden u.a. konfrontiert sind, vermindert sich der Migrationsdruck dadurch, dass die Position innerhalb der Vergleichsgruppe weiterhin gut ist. Durch die Ausdehnung des Ansatzes der relativen Deprivation über Staatsgrenzen hinaus lassen sich Migrationsprozesse nach 2004 unzweifelhaft erklären. Der zeitgleiche Beitritt einer relativ großen Anzahl von Staaten, die aufgrund historischer Gemeinsamkeiten sowohl von innen als auch von außen als Gruppe wahrgenommen werden, scheint entscheidender zu sein als der kulturelle, d.h. der mittel- bzw. osteuropäische Hintergrund der Länder. Die Wiederholung von aus früheren Erweiterungen um westliche EU-Staaten bekannten Migrationsstrukturen verdeutlicht dies.

Die Gruppe der Beitrittsländer kann in Bezug auf Migration nicht als homogen betrachtet werden. Die höchste Wanderungsbereitschaft herrscht eindeutig in Polen. Dies wird durch die Geschichte belegt und wiederholt sich nach 2004. Jedoch wird diese Bereitschaft zu wandern durch den Vergleich innerhalb der Gruppe generiert. Bis zu dem Zeitpunkt, an dem die relative Deprivation in der Gruppe überwunden ist (d.h. dem Zeitpunkt, bis zu dem sich das eigene Land innerhalb der Gruppe gut positionieren kann), spielen soziale Aspekte wie die Netzwerkeinbettung für die Initiierung von Migrationsprozessen eine den ökonomischen Faktoren untergeordnete Rolle.

Die Zukunft der polnischen Migrationsbewegungen wird dementsprechend davon abhängen, wie sich die wirtschaftliche Situation, insbesondere die Arbeitsmarktlage in Polen *relativ* zu der in anderen EU-Ländern verbessert. Ob weitere Migrationsströme entstehen, wird von der Positionierung innerhalb der Gruppe der EU-8-Länder bestimmt. Die weitere Entwicklung der Migration nach Irland und Großbritannien hingegen wird davon abhängen, inwiefern das Kräftefeld aus Push- und Pull-Faktoren zwischen diesen Ländern bestehen bleibt und wie sich seit 2004 etablierte Netzwerkstrukturen ausgestalten. Die Bedeutung Deutschlands als einst wichtigstem Zielland polnischer Migration ist offen. Erst nach der vollständigen Öffnung des deutschen Arbeitsmarktes für polnische Arbeitnehmer im Jahr 2011 wird sich zeigen, ob sich die momentan beobachtbare Tendenz, dass hoch qualifizierte Migranten andere Ziele wählen, fortsetzt, oder ob sich auch zwischen Deutschland und Polen neue Strukturen etablieren lassen, die über kurzfristige und gering qualifizierte Arbeitsverhältnisse hinausgehen (vgl. 4.4.4).

Abschließend soll noch einmal auf die Ausgangsfrage eingegangen werden, ob die EU-Mitgliedschaft neue Migrationsstrukturen schafft. Festzuhalten bleibt, dass die Europäisierung, die als ein Teil der Globalisierung betrachtet wird, für eine Vereinfachung von Migrationsprozessen sorgt, aus denen sich neue Strukturen der Migration im Sinne von verstärkter Netzwerkbildung in bzw. zwischen EU-Ländern ergeben können. Aus dieser Entwicklung wiederum könnte auf lange Sicht eine Verminderung der Bedeutung von Nationalgrenzen resultieren. Zu diesem Zeitpunkt allerdings ist letzteres nicht abzusehen. Migration ist ein offener Prozess, der ständigen Veränderungen unterliegt, die nur über die Zeit beobachtet und analysiert werden können. Die Migrationsprozesse, die seit 2004 auftreten, können eindeutig auf neue politisch-rechtliche Rahmenbedingungen und auf ökonomische Unterschiede zwischen den alten und neuen EU-Staaten zurückgeführt werden und stellen eine Weiterführung bekannter Phänomene dar. So wird vermutet, dass die Wanderungen zwischen Polen und Großbritannien bzw. Irland in dem Moment rapide abnehmen werden, in dem sich die Wirtschaftslage in Polen verbessert hat. Im Gegensatz zu früheren Erweiterungen finden allerdings gegenwärtig durch die geographische Konzentration der Wanderungen sowie die Migration erleichternden EU-Politiken verstärkte Netzwerkbildungen statt, so dass von einer höheren Zahl von Menschen ausgegangen werden kann, die ihren Lebensmittelpunkt in einem der beiden neuen Zielländer gefunden haben und in ihnen verbleiben, anstatt sich aufgrund ökonomischer Gesichtspunkte zu einer Rückkehr veranlasst zu sehen.

7. Literaturverzeichnis

Alscher, Stefan (2005): Länderprofil Polen. Focus Migration Nr. 3, Juli 2005.

Astheimer, Sven (2007): Deutschland ist nicht mehr Wunschziel. Frankfurter Allgemeine Zeitung Nr. 83 vom 10.04.2007.

Basch, Linda/Glick Schiller, Nina (1995): From Immigrant to Transmigrant: Theorizing Transnational Migration. In: Anthropological Quarterly, Vol. 68   Issue 1, S.48-63.

Basch, Linda/Glick Schiller, Nina/Blanc-Szanton, Cristina (1992): Towards a transnational perspective on migration. Race, class, ethnicity, and nationalism reconsidered. Annals of the new york academy of sciences, Vol. 645, New York.

Biffl, Gudrun (1999): Migration und ihre Rolle in der Integration Westeuropas.   Österreichisches Institut für Wirtschaftsforschung, Monatsbericht 7/1999.

Bourdieu, Pierre (1983): Ökonomisches Kapital, kulturelles Kapital, soziales Kapital. In: Kreckel, Reinhard: Soziale Ungleichheiten (Soziale Welt, Sonderheft 2). Göttingen: Otto Schwartz & Co, S.183-198.

Bröll, Claudia (2006a): Großbritannien erlebt eine Einwanderungswelle. In: Frankfurter Allgemeine Zeitung Online (FAZ.net) vom 10.08.2006.
http://www.faz.net/s/RubEC1ACFE1EE274C81BCD3621EF555C83C/Doc~E25F37274E2 354B9086D81441B0C42BAD~ATpl~Ecommon~Scontent.html [13.03.2007]

Bröll, Claudia (2006b): Zehntausende folgen dem Ruf des „keltischen Tigers". In: Frankfurter Allgemeine Zeitung Online (FAZ.net) vom 15.08.2006.
http://www.faz.net/s/Rub2ED1D653476A4471A80381152324EAC2/Doc~EEA59C351D7 4C4DC5B56D1C4F30F49544~ATpl~Ecommon~Scontent.html [13.03.2007]

Bundesamt für Migration und Flüchtlinge (2005a): Teilstatistik „Ausländerzahlen".

Bundesamt für Migration und Flüchtlinge (2005b): Teilstatistik „Migration und Asyl".

Bundesgesetzblatt (49/1997): Verordnung über die allgemeine Freizügigkeit von Staatsangehörigen der Mitgliedstaaten der Europäischen Union (Freizügigkeitsverordnung/EG) vom 17.07.1997, S.1810-1812.

Bundesministerium für Bildung und Forschung (2004): Studie: Hochschulabsolventen erfolgreich im Arbeitsmarkt. Pressemitteilung vom 08. Oktober 2004. http://www.bmbf.de/_media/press/akt_20041008-226.pdf [07.05.2007]

Demel, Katharina/Stacher, Irene (2000): Migrationspolitik in Europa: EU- Bürgerinnen vs. Drittstaatsangehörige. In: Altvater/Mahnkopf (Hrsg.): Frieden und Ökonomie. Die Ökonomie eines friedlichen Europa. Burgschlaining, S. 269-281.

Dietz, Barbara: Ost-West-Migration nach Deutschland im Kontext der EU - Erweiterung. In: Aus Politik und Zeitgeschichte B 5-6/2004, S. 41-47.

Epiney, Astrid: Das Privileg der Freizügigkeit in der Europäischen Union. In: Neue Zürcher Zeitung vom 24./25.1.1998.

Europäische Kommission (2001): Beschäftigung in Europa 2001 - Jüngste Tendenzen und Ausblick in die Zukunft. http://ec.europa.eu/employment_social/publications/2001/ke3801762_de.pdf [27.03.2007]

Europäische Kommission (2006): Employment in Europe 2006. Amt für Veröffentlichungen der Europäischen Union.

Europäische Stiftung zur Verbesserung der Lebens- und Arbeitsbedingungen (2005): Mobility in Europe – Analysis of the 2005 Eurobarometer survey on geographical and labour market mobility.

Fassmann, Heinz/Münz, Rainer (1996): Europäische Migration – ein Überblick. In: Fassmann/Münz (Hrsg.): Migration in Europa: Historische Entwicklung, aktuelle Trends und politische Reaktionen. Frankfurt/Main, New York: Campus Verlag, S. 13-52.

Fihel, Agnieszka/ Kaczmarczyk, Paweł/ Okólski, Marek (2006): Labour Mobility in the Enlarged European Union: International Migration from the EU8 countries. CMR working papers Nr. 14/72 (ehemals ISS Working Papers, Seria: Prace Migracyjne), Universität Warschau. http://www.migracje.uw.edu.pl/obm/pix/014_72.pdf [28.02.2007]

Główny Urząd Statystyczny (2007a): Central Statistical Yearbook of Poland 2006. http://www.stat.gov.pl/cps/rde/xbcr/gus/PUBL_concise_statistical_yearbook_of_poland_2006.pdf [04.05.2007]

Główny Urząd Statystyczny (2007b): Monitoring Rynku Pracy. Warszawa. http://www.stat.gov.pl/cps/rde/xbcr/gus/PUBL_kwart_inf_aktywnosc_ekonomicz-na_ludnosci_4kw2006.pdf [04.05.2007]

Golz, Reinhard (1996): Länderstudie Polen. In: Seyfarth-Stubenrauch/Skiera (Hrsg.): Reformpädagogik und Schulreform in Europa. Band 2: Schulkonzeptionen und Länderstudien. Baltmannsweiler: Schneider-Verlag Hohengehren, S. 475-486.

Grabowska, Izabela (2003): Irish Labour Migration of Polish Nationals: Economic, Social and Political Aspects in the Light of the EU Enlargement. ISS Working Papers Nr. 51, Seria: Prace Migracyjne, Universität Warschau. http://www.migracje.uw.edu.pl/obm/pix/051.pdf [27.02.2007]

Guild, Elspeth: The Legal Framework of EU Migration. In: IMIS-Beiträge 25/2004, S. 47-83.

Han, Petrus (2005): Soziologie der Migration. Stuttgart: Lucius & Lucius.

Heinen, Michael/Pegels, Anna (2006): Die EU-Osterweiterung und die Arbeitnehmerfreizügigkeit: Sind längere Zugangsbeschränkungen sinnvoll für Deutschland? focus Migration, Kurzdossier, Nr. 4, Juli 2006.

Hollifield, James (2003): Offene Weltwirtschaft und nationales Bürgerrecht - das liberale Paradox. In: Hunger/Thränhardt: Migration im Spannungsfeld von Globalisierung und Nationalstaat (Leviathan-Sonderheft 22/2003). Westdeutscher Verlag, S. 35-57.

Homepage der Europäischen Kommission (a): http://ec.europa.eu/employment_social/free_movement/index_de.htm [27.02.2007]

Homepage der Europäischen Kommission (b): http://ec.europa.eu/employment_social/free_movement/enlargement_de.htm#genpros [27.02.2007]

Homepage der Europäischen Kommission (c): http://ec.europa.eu/employment_social/free_movement/enlargement_de.htm#first [27.02.2007]

Homepage der Europäischen Union: http://europa.eu/abc/12lessons/index2_de.htm [15.03.2007]

Iglicka, Krystyna (2001): Poland's Post – War Economics of Migration. Ashgate.

Immigrant Council of Ireland (2005): Background Information and Statistics on Immigration to Ireland. http://www.immigrantcouncil.ie [02.04.2007]

International Organization of Migration (2004): Internationale Wanderungstrends. Gutachten für den Sachverständigenrat für Zuwanderung und Integration. Genf, April 2004.

Internetportal EurActiv.com (a): Freizügigkeit der Arbeitnehmer in EU-25.
http://www.euractiv.com/de/erweiterung/freizugigkeit-arbeitnehmer-eu-25/article-129654 [27.02.2007]

Internetportal EurActiv.com (b): Fear of brain drain makes Poland drop double taxation scheme.
http://www.euractiv.com/en/mobility/fear-brain-drain-poland-drop-double-taxation-scheme/article-156916 [27.03.2007]

Kępińska, Ewa (2003): Recent Trends in International Migration Poland 2003. ISS Working Papers Nr. 52, Seria: Prace Migracyjne, Universität Warschau.
http://www.migracje.uw.edu.pl/obm/pix/052.pdf [27.02.2007]

Kępińska, Ewa (2004): Recent Trends in International Migration – The 2004 SOPEMI Report for Poland. ISS Working Papers Nr. 56, Seria: Prace Migracyjne, Universität Warschau. http://www.migracje.uw.edu.pl/obm/pix/056.pdf [27.02.2007]

Kępińska, Ewa (2005): Recent Trends in International Migration – The 2005 SOPEMI Report for Poland. CMR Working Papers Nr. 2/60, (ehemals ISS Working Papers, Seria: Prace Migracyjne), Universität Warschau.
http://www.migracje.uw.edu.pl/obm/pix/002_60.pdf [27.02.2007]

Kępińska, Ewa (2006): Recent Trends in International Migration – The 2006 SOPEMI Report for Poland. CMR Working Papers Nr. 15/73, Universität Warschau.
http://www.migracje.uw.edu.pl/obm/pix/015_73.pdf [27.02.2007]

Kley, Stefanie (2004): Migration und Sozialstruktur: EU-Bürger, Drittstaater und Eingebürgerte in Deutschland. Berlin: Logos Verlag.

Kolarska-Bobińska, Lena (2006): Internauci dyskutują o wyjazdach z Polski i powrotach. Instytut Spraw Publicznych.
http://www.isp.org.pl/files/17408030500453115001158222549.pdf?PHPSESSID=fc980 cf8604f78f198cf91162aba9789 [10.04.2007]

Korcelli, Piotr (1996): Polnische Auswanderung seit 1945. In: Fassmann/Münz (Hrsg.): Migration in Europa: Historische Entwicklung, aktuelle Trends und politische Reaktionen. Frankfurt/Main, New York: Campus Verlag, S. 245-262.

Krieger, Hubert/Fernandez, Enrique (2006): Too much or too little long – distance mobility in Europe? EU policies to promote and restrict mobility. European Foundation for the improvement of Living and Working Conditions.
http://www.eurofound.europa.eu/docs/areas/populationandsociety/mobility4paper20 06.pdf [07.05.2007]

Lebhart, Gustav (2002): Internationale Migration. Hypothesen, Perspektiven und Theorien. In: Demographie Aktuell Nr. 19. Berlin: Institut für Sozialwissenschaften der Humboldt-Universität.

Molle, Willem (2001): The economics of European Integration: Theory, Practice, Policy. Bodmin, Cornwall: MPG books Ltd. 4th edition.

National Statistics London (2006): News Release: Over 500 a day gained through migration to the UK.
http://www.statistics.gov.uk/pdfdir/intmigrat1106.pdf [02.04.2007]

Okólski, Marek (2005): The impact of EU – enlargement on migration. The perspective of Poland. In: Pflegerl/Trnka (Hrsg): Migration and the family in   the European Union; Österreichisches Institut für Familienforschung Wien, S. 209-226.

PricewaterhouseCoopers (2006): Managing Mobility Matters 2006.
http://www.pwc.com/Extweb/pwcpublications.nsf/docid/5CF66D8DAC8C7640852572 350083A659/$file/managing-mobility-matters-2006.pdf [10.04.2007]

Pries, Ludger (2001): Internationale Migration. Bielefeld: transcript Verlag.

Pszczółkowska, Dominika (2006): Coraz więcej Polaków rodzi się na Wyspach. In: Gazeta Wyborcza vom 25.11.2006.
http://www.gazetawyborcza.pl/gazetawyborcza/2029020,75478,3753914.html [07.05.2007]

Pszczółkowska, Dominika (2007): Fala emigracji z Polski do Irlandii wcale nie maleje. In: Gazeta Wyborcza vom 04.01.2007. http://serwisy.gazeta.pl/swiat/1,34218,3827149.html [13.04.2007]

Puhl, Jan (2007): Endlich ein schönes Leben. In: Der Spiegel 13/2007 vom 26.03.2007.

Rodriguez-Pose, Andrés (2002): The European Union – economy, society, and polity. Oxford University Press.

Roguska, Beata (2006): Praca Polaków w krajach Unii Europejskiej. Centrum Badania Opinii Społecznej (CBOS); BS/175/2006, Warszawa Listopad 2006.

Skwirowski, Piotr (2006): Polacy z Wysp nie zapłacą podatku w Polsce. In: Gazeta Wyborcza vom 19.07.2006. http://praca.gazeta.pl/gazetapraca/1,67738,3495382.html [27.03.2007]

Statistisches Amt der Europäischen Gemeinschaften (Eurostat): http://epp.eurostat.ec.europa.eu/portal/page?_pageid=1090,30070682,1090_3307657 6&_dad=portal&_schema=PORTAL [27.03.2007]

Tassinopoulos, Alexandros/Werner, Heinz (1999): To Move or Not to Move – Migration of Labour in the European Union. IAB Labour Market Research Topics, Nr. 35. http://doku.iab.de/topics/1999/topics35.pdf [27.02.2007]

Tenbrock, Christian (2004): Verkehrte Angst. In: Die Zeit Nr. 35 vom 19.08.2004.

Thränhardt, Dietrich (2003): Der Nationalstaat als migrationspolitischer Akteur. In: Hunger/Thränhardt: Migration im Spannungsfeld von Globalisierung und Nationalstaat (Leviathan-Sonderheft 22/2003), Westdeutscher Verlag, S.8-31.

Treibel, Annette (1999): Migration in modernen Gesellschaften: Soziale Folgen von Einwanderung, Gastarbeit und Flucht. Weinheim, München: Juventa Verlag.

United Kingdom Border and Immigration Agency (2007): Accession Monitoring Report May 2004 - December 2006. http://www.ind.homeoffice.gov.uk/6353/aboutus/accessionmonitoringreport10.pdf [02.04.2007]

Werner, Heinz (1995): Economic integration and migration - the European case. In: IAB Labour Market Research Topics, Nr. 12.

Werner, Heinz (2001): Wirtschaftliche Integration und Arbeitskräftewanderung in der EU. In: Aus Politik und Zeitgeschichte B 8/2001. http://www.bpb.de/files/6HESV1.pdf [27.02.2007]

www.ingramcontent.com/pod-product-compliance
Lightning Source LLC
Chambersburg PA
CBHW021837020426
42334CB00014B/671